フリーランス・個人事業主の **7日でマスター**

確定申告が おもしろいくらい わかる本

税理士 伴洋太郎

ソーテック社

ご利用前に必ずお読みください

本書に掲載した情報に基づいた結果に関しましては、著者および
株式会社ソーテック社はいかなる場合においても責任は負わない
ものとします。
本書は執筆時点（2024年9月現在）の情報をもとに作成してい
ます。掲載情報につきましては、ご利用時には変更されている場
合もありますので、あらかじめご了承ください。以上の注意事項
をご承諾いただいたうえで、本書をご利用願います。

※本文中で紹介している会社名は各社の商標登録または商標です。
　なお、本書では、©、®、TMマークは割愛しています。

確定申告の知識を身につけよう

あ～疲れた～。今日はクリエイティブな作業に集中しすぎて、頭がフル回転だったなぁ～

あ、拓也さん。お疲れ様です！ そういえば、最近休憩中に税金の本を読んでいますよね？ 僕も**副業の確定申告**のことで、頭が痛いです。難しいですよね。

そうなんだよ。ネット検索で何度も調べているけど、とにかく話がややこしくて理解が追いつかない！ 挫折しそうになるよ（涙）

拓也くん、こんにちは！ お久しぶりですね。お仕事は順調に進んでいますか？

伴さん！ ご無沙汰してます！ あ、こいつは僕の後輩で直樹っていいます。じつは確定申告について、相談したいことがあって。

ちょうどいいタイミングでお会いできましたね。どんなご相談でしょうか？

お陰様で事業は軌道に乗りそうなんですが、税金関係で悩んでいるんです。調べれば調べるほど、何から手をつけたらいいか分からなくなってしまって……。

なるほど、まずは独立開業が成功しそうで良かったです。拓也くんが税金の勉強を始めたのは、どうしてですか？

「確定申告は絶対に青色申告がオススメ！」といろんな方が言うので、挑戦してみたいんです。それで調べはじめました。

拓也さん、それは良いですね！ 僕も詳しくないんですが、青色申告はけっこうおトクな制度らしいですよ。僕も副業で十分な収入を得られるようになって独立開業したら、青色申告をやるつもりです。

お二人とも素晴らしい目標をお持ちですね。それと、拓也さんがなぜ行き詰まってしまったのか、わかった気がします。

えっ、僕なんか変なこと言いましたか…？（驚）

青色申告の学習は基本から応用へと進めよう！

　拓也さんや直樹さんは、何となく**「青色申告のほうが良いらしい」**との情報を見聞きし、ぜひ挑戦してみたいとお考えのようですね。

　初めて青色申告に取り組もうとする方が挫折しやすいのは、税務が専門性の高い分野であり、考慮すべき点が非常に多岐にわたるからです。

　すべてを一度に理解しようとすると混乱を招きやすく、特に基本をしっかり理解しないまま細かいルールに進むと、「難しい」「面倒」と感じてしまうことがよくあります。

　不十分な理解のまま申告を続けていると、知らぬ間に不正確な申告をしてしまう可能性があります。その結果、税務署から複数年分の修正申告を求められ、多額の追徴税を支払うことになったケースを、私は税理士として何度も見てきました。

　青色申告の学習を効果的に進めるためには、**「大枠から捉える」「基本から応用へ進む」という姿勢が重要**です。初学者の方には、以下の順序で学習を進めることをお勧めします。

---

❶ 確定申告の基本
　確定申告の目的や基本的な仕組みを理解し、自分にどのように関連するかを把握します。

❷ 青色申告のメリット
　青色申告を選択することで得られる具体的な税制上の利点を理解します。

❸ 青色申告の要件
　青色申告に必要な条件や手続きについて学びます。

❹ 確定申告の流れ
　申告書作成から提出までの一連の手順を学び、全体の流れを把握します。

　これらの基本知識を最初に身につけることで、確定申告の全体像をつかめるとともに、青色申告に取り組むモチベーションも明確にできるでしょう。手続きや記帳の詳細は、基本を理解した後に学んでいけば結構です。

　青色申告は決して難しいものではありません。基本をしっかり押さえ、段階的に学んでいけば、必ず理解できるようになります。

　焦らずに、一歩一歩進んでいきましょう。

確かに、今までは「何となく青色申告が良さそう」という事ばかり気にして、基本をおろそかにしていたかもしれません。まずは初歩的知識からですね！

その意気です！　今度、確定申告をテーマにしたセミナーで初歩から具体的な事例や実践的な知識まで提供するので、ぜひ参加してみてください。

ぜひとも！　「渡りに船」とはこのことですね（笑）

都内某所・セミナールームにて

みなさん、はじめまして！　これから7日間、一緒に確定申告の基礎を学びます。不安を解消しながら、しっかりと申告書を完成させましょう！

よろしくお願いします！　私は今、イラストレーターとして独立していて、収入も増えてきたので、白色申告から青色申告に切り替えようと思っています。

へー、どうして白色申告をしていたんですか？

青色申告って、なんだか手続きが面倒な感じがして。最初は収入も少なかったし、それなら白色でも良いかなって…。

その気持ち、すごくわかります！　私も最初は同じように感じていました（笑）。

私はウェブライターで、最近クライアントが増え、それで、売上も増えてきたので、消費税やインボイスについても改めて学びたいと思って参加しました。よろしくお願いいたします！

7日間のカリキュラムでは、確定申告の基礎知識から、青色申告、経費の処理、そしてe-Taxを使ったオンライン申告まで、必ず役立つ実践知識をたっぷり用意しました。みなさん、これからの7日間、一緒に楽しみながら学んでいきましょう！

はじめに

　この度は本書を手に取っていただきまして、ありがとうございます。

　本書は、フリーランスや個人事業主の皆さま、そしてこれからその道を歩もうとしている方々が、確定申告を段階的に習得できるように構成されています。特に青色申告に関心のある方、経費の計上に不安がある方、消費税やインボイス制度に関して知識を深めたい方にとって、具体的かつ実践的なガイドとなることでしょう。

　内容的には、税務申告の基本的な流れから、青色申告の特典、経費の管理、そして会計ソフトを活用した申告書の作成まで、フリーランスや個人事業主が必ず直面する重要なポイントを、7日間でしっかり学べるように解説しています。

●7日間でマスターできる確定申告の知識

- **1日目** 税の基本から確定申告の流れを理解し、申告の基礎を固めます。
- **2日目** 青色申告のメリットや必要な手続きを学び、税制上の特典を受けられるようにします。
- **3日目** 日々の売上や経費の入力方法、仕訳の基本を身につけ、会計ソフトを効率的に活用する方法を学びます。
- **4日目** 何が経費として認められるか、具体例を挙げて解説し、適正な申告方法を学びます。
- **5日目** 所得控除の種類と活用方法を学び、節税効果を最大化します。
- **6日目** 会計ソフトを使って申告書を作成する手順を理解し、スムーズに申告書を完成させます。
- **7日目** 消費税の仕組みとインボイス制度を理解し、今後の対応策を学びます。

　確定申告は専門的な知識が求められる分野ですが、基本を押さえ、正しい手順で進めていけば、決して難しいものではありません。そのため本書は、初心者の方々が税務申告に対する不安を解消し、自信を持って申告を行えるよう「わかりやすく」「具体的に」をモットーにしています。

　本書を通じて、申告の基礎から実践的なテクニックまでを確実に習得し、青色申告の特典を最大限に活用できるようになります。そうして、皆さまのビジネスがさらに成功へと近づくことを確信しています。

　それでは、7日間のレッスンをスタートしましょう！

伴洋太郎

CONTENTS

　　はじめに 8
　　CONTENTS 9

税金と確定申告の基本を知ろう

1-01	フリーランスの税金ってどんなものがあるの？............16
1-02	確定申告って何のためにやるの？...............................22
1-03	確定申告をしないとどうなりますか？........................24
1-04	赤字でも確定申告が必要でしょうか？........................28
1-05	源泉徴収ってなに？..30
1-06	源泉徴収されていたらどうすればいい？....................33

フリーランスの青色申告の基礎知識

2-01	会社員とフリーランスの税金の計算方法の違いは？.....40
2-02	開業したら税務署に必ず提出する書類........................44
2-03	青色申告ってなに？..48
2-04	青色申告にはどんな特典があるの？............................51
2-05	青色申告の控除額は65万、55万、10万の3段階............54
2-06	青色申告に必要な帳簿と書類..57

9

CONTENTS

2-07	青色申告決算書はこうなっている	63
2-08	確定申告書の種類と記載例	67

3日目
売上や経費を会計ソフトで入力・仕訳しよう

3-01	65万円の控除には会計ソフトが必須です！	72
3-02	会計ソフトはどれを選んだらいい？	74
	Column　Macユーザーの会計ソフトの制約	77
3-03	freee会計のアカウントを作成しよう	78
3-04	freee会計の導入・初期設定と取引入力画面	80
3-05	やよいの青色申告オンラインの導入・初期設定	82
3-06	会計ソフトへの入力と帳簿の流れ	87
3-07	消費税の設定は「税込」「税抜」のどっちに統一？	90
3-08	仕訳を覚えよう！	92
3-09	売上はどうやって登録する？	95
3-10	請求書はどうやって書けばいいの？	102
3-11	経費の支払いを登録しよう	105
	Column　オンラインバンキングの利用	109
3-12	どの勘定科目を使って仕訳すればいい？	110
3-13	請求書やレシートはどうやって保管する？	115
3-14	デジタルの請求書や領収書はどうやって保存する？	117
3-15	領収書がない場合やなくした場合はどうする？	120

4日目

経費になるもの、ならないもの

4-01	経費になる・ならないの境界線はどこにある？	124
4-02	高額な機材を買えばたくさん経費にできる？	131
4-03	減価償却を短期間にして早く経費化したい！	138
4-04	開業前に支払ったものはどうやって経費にする？	142
4-05	仕事とプライベートで兼用する自宅や車の経費はどうする？	150
Column	これって経費？　迷いやすいもの	156

5日目

「所得控除」を最大限使って節税しよう！

5-01	税金ってどうやったら安くなる？	158
5-02	所得から差し引ける所得控除の種類は？	161
5-03	配偶者や扶養家族がいる場合の所得控除	164
5-04	高額の医療費を支払った場合の医療費控除	168
5-05	民間の保険に入っている場合―生命保険料、地震保険料控除	172
5-06	台風や地震・火事・盗難に遭った場合の雑損控除	174
5-07	フリーランスにオススメの「小規模企業共済」で節税！	175

CONTENTS

5-08	iDeCoと小規模企業共済ってどっちがいいの？	178
5-09	お得なふるさと納税で使える寄附金控除	180
5-10	執筆や作曲するなら必須！ 平均課税ってなに？	183

6日目

会計ソフトで確定申告の書類を提出しよう

6-01	確定申告の準備をしよう	188
6-02	電子申告(e-Tax)のメリット	190
6-03	ステップ❶　freee会計で基本情報を入力しよう	193
6-04	ステップ❷　freee会計で収支情報を入力しよう	197
6-05	ステップ❸　freee会計で作成された申告書類を確認しよう	202
6-06	ステップ❹　freee会計で申告書の提出と納税をしよう	206
6-07	やよいの青色申告オンラインで確定申告書類を作成しよう	214

消費税とインボイスについて学ぼう

- 7-01 消費税ってどんな税金？ 232
- 7-02 インボイス制度って何？ 235
- 7-03 消費税にもフリーランス向けの特例はあるの？ 239
- 7-04 インボイス登録しないと何が起きる？ 244
- 7-05 インボイス登録する・しないの判断基準は？ 247
- 7-06 電子帳簿保存法ってなに？ 251
  - Column 会計ソフトで未対応の帳票がある場合の対応策 254

- INDEX 255

登場人物

本書では、伴洋太郎先生と生徒で、7日間のカリキュラムを通してフリーランスの青色申告を学んでいきます。

伴 洋太郎先生
税理士・1級ファイナンシャルプランニング技能士。個人事業主や中小法人の税務に特化し、特にクラウド会計の導入支援実績が豊富。青色申告会での記帳指導員としても長年の経験を持つ。初心者向けのやさしい税務解説が得意。

拓也くん
フリーランス1年目のデザイナー。何から取り組めばいいか悩んでいる。

方里奈さん
イラストレーター。収入増にともない、白色申告から青色申告に切り替えようと思っている。

直樹くん
副業エンジニア。どんなものが経費にできるか、またその計上方法を知りたい。

智美さん
ウェブライター。インボイス制度に対する不安から、消費税の知識を深めたいと考えている。

税金と確定申告の基本を知ろう

一体、税金って何なのか、フリーランスが支払う税金にはどんなものがあるか、フリーランスが行わないといけない確定申告ってどんなものなのかをはじめに学びます。

1-01 フリーランスの税金ってどんなものがあるの？

ひと口に「税金」って言っても、いろんな種類があるじゃないですか。フリーランスになったら、どんな税金を払わなきゃいけないんですか？

日本には50種類くらいの税金がありますが、そのうち**フリーランスが支払う税金**には、所得税、個人住民税、個人事業税、消費税の4つがあります。

■ フリーランスが支払う4つの税金

フリーランスや個人事業主の方が、事業を行うにあたって支払わなければいけない税金には、おもに**所得税**、**個人住民税**、**個人事業税**、**消費税**があります。

1. 所得税

どんな税金？

所得税とは文字通り、所得に対してかかる税金です。所得というのは、簡単に言うと「儲け」のことです。

税金の計算では、給与や売り上げ等の「収入」に税率をかけて計算することは基本的にしません。**収入から家賃、電気代、交通費等の必要経費を引いたものが「儲け」すなわち「所得」**となります。

所得からさらに医療費控除やふるさと納税などの寄付金控除等の**所得控除を差し引いた金額が課税所得**です。

この課税所得に対して一定の率（税率）をかけることで、**所得税の納税額が算出**されます。なお、税率は一定ではなく、所得の金額に応じて少しずつ増えていく**累進課税方式**が採用されています。

● 収入、所得、課税所得、納税額の関係

```
         所得－所得控除
      ┌──────────────┐
      │ 課税所得 × 税率 ＝ 納税額 │ 所得控除    経費
      └──────────────┘
            収入－経費
             所得
              収入
```

税金がかからないケース

所得に対してかかる税であるため、所得がなければ（儲けるどころか赤字の場合など）税金はかかりません。

● 所得税の税率

所得の金額	税率
195万円以下の部分	5%
195万円超～330万円以下の部分	10%
330万円超～695万円以下の部分	20%
695万円超～900万円以下の部分	23%
900万円超～1,800万円以下の部分	33%
1,800万円超～4,000万円以下の部分	40%
4,000万円超の部分	45%

例えば、課税所得が500万円のケースだと以下のように計算されます。

195万円の部分に5％、195万円超～330万円の部分（135万円）に10％、330万円超の部分（170万円）に20％の税率を適用します。

これらを合算して57万2000円が納める税額となります

2. 個人住民税

どんな税金？

個人住民税は、**地方自治体の行政サービスの財源として、その地域に住む個人に課される地方税**です。

所得税と同様に所得に対して課されますが、前年の所得を基準にする点、**税率が一律10%**である点が異なります。これは「**所得割**」と呼ばれ、内訳は市町村民税6%、都道府県民税4%です。

課税所得が300万円なら300万円×10%で30万円が税額となります。

これとは別に「**均等割**」と呼ばれる定額の税金があります。令和6年度以降は年間4,000円（都道府県民税1,000円、市町村民税3,000円）に加え、森林環境税1,000円が課税されます。

なお、所得割の税率や均等割の金額は、お住まいの地域によって異なることもあります。

税金がかからないケース

前年の所得が各自治体の定める金額に満たない場合は、所得割もしくは所得割と均等割の両方が非課税になります。

3. 個人事業税

どんな税金？

個人事業税は、**個人事業主が行政サービスの財源として都道府県に納める地方税**です。

所得税や住民税が所得全体に課されるのに対し、個人事業税は事業所得や一定規模の不動産所得等に対してのみ課されます。

ただし、課税対象となるのは特定の業種（法定業種）のみです。

対象事業は第1種から第3種に区分されており、税率は第1種事業が5%、第2種事業が4%、第3種事業が5%となっています。

たとえば、**士業、デザイン業、コンサルタント業などは第3種に該当し、税率は5%**です。

税金がかからないケース

指定事業に該当しない事業を行っている場合には、事業税はかかりません。たとえば、**ライター（文筆業）、イラストレーター、漫画家、演奏・作**

曲家、エンジニア、プログラマーは指定業種に含まれていないため、課税されません（都道府県によって判断が異なることもあります）。

　事業の儲けが年間290万円以下の場合にも、事業税がかかりません。「事業主控除」といって、儲けのうち290万円までの金額（営業期間が1年未満の場合は月割りした金額）については、課税の対象外とされるためです。

4. 消費税

どんな税金？

　原則として、**2年前の年商が1,000万円を超える場合**にかかる税金です。他の税金とは違って、儲けに対して税金がかかるわけではありません。そのため、赤字であっても納税が必要になるケースが少なくありません。

　詳しくは、「7日目　消費税とインボイスについて学ぼう」で解説します。

税金がかからないケース

　2年前の年商が1,000万円を超えない場合には、原則として消費税を納める必要はありません。

● フリーランスにかかる4つの税金

所得が少なくなると下記の3つの税額も減少します！

所得税	個人住民税	個人事業税		
所得			所得控除	経費
消費税				

■4つの税金の支払期限と支払先

ここで説明した4つの税は、それぞれ**支払期限と支払先**が違います。

所得税は3/15が期限

所得税は**3/15期限の確定申告**によって前年の税額を計算し、同日までに税務署へ納付します。税務署から納付額の通知はなく、税額の計算も納税手続きも自主的に行う必要があります。

所得税の予定納税は7月と11月

前年の**所得税額（予定納税基準額）が15万円以上**の場合、6月中旬に税務署から「**予定納税額の通知書**」が送付されます。

予定納税とは、一定額以上の納税が見込まれる人に税金の前払いを求める制度のことです。

予定納税の納付期間は第1期分が7/1〜 7/31、第2期分が11/1〜11/30です（令和6年度に限り、期間が異なります）。**2回の合計で、原則として前年の所得税額の3分の2に相当する金額を納付**します。

個人住民税は年4回

個人住民税は、**所得税の確定申告書等**に基づいて税額が決定され、お住まいの**市区町村から**納税通知書が届きます。支払いは4回に分けて行います。第1期分は6/30、第2期分は8/31、第3期分は10/31、第4期分は1/31が期限となります。

個人事業税は8/31と11/30が期限

個人事業税も**所得税の確定申告書に連動**して税額が決まり、お住まいの**都道府県から**納税通知書が届きます。納付は2回に分けて行います。第1期分は8/31、第2期分は11/30が納期限です。

消費税は3/31までに

消費税は所得税と同様に、確定申告によって税額を確定させて、原則として申告書の提出期限までに税務署へ納める必要があります。ただし、**申告書の提出・納税の期限は所得税（3/15）と異なり、3/31**です。

フリーランスの税金ってどんなものがあるの？　1-01

　税務署から納付金額の通知が届かない点も、所得税と同様です。消費税にも予定納税の仕組みはありますが、フリーランスの取引規模であれば必要ないことが多いです。

● 税金の種類と支払先、支払期限

	所得税	個人住民税	個人事業税	消費税
	国（税務署）	市区町村	都道府県	国（税務署）
1月				
2月				
3月	確定申告 3/15	（所得税の確定申告に連動して税額が決定）	（所得税の確定申告に連動して税額が決定）	確定申告・納付 3/31
4月				
5月				
6月		第1期分 6/30		
7月	予定納税第1期分 7/31			
8月		第2期分 8/31	第1期分 8/31	
9月				
10月		第3期分 10/31		
11月	予定納税第2期分 11/30		第2期分 11/30	
12月				
翌1月		第4期分 1/31		

※所得税と消費税の納付を「ダイレクト納付方式」で行う場合は、期日が異なります。

21

1-02 確定申告って何のためにやるの？

確定申告って、なんで必要なのですか？
税務署が勝手に調べて、勝手に計算して「これだけ支払ってね」って知らせてくれたら楽なのに…。

たしかに、手続きしなきゃいけないのはめんどうですよね。**所得税は「申告納税方式」を採用**しているから、手続きが必要なのです。

■ 2つの納税方式（申告納税方式と賦課課税方式）

フリーランスは原則として確定申告をしなければいけません。所得税という税金は、**申告納税方式によって納税することが法律で規定**されているからです。

申告納税方式というのは、**納めるべき税金を自分で計算**して、それに基づいて納税する仕組みをいいます。

所得税以外にも、**相続税や贈与税、法人税**など、税務署に納める税金の多くがこの方式を採用しています。

地方税では、法人県民税や法人市民税などが対象です。

申告納税方式とは別に、**賦課課税方式**と呼ばれる方法もあります。

賦課課税方式とは、**国や地方自治体が税金の額を計算して納税者へ通知**し、その通知に従って納税する方式です。

都道府県や市区町村に支払う税金は、原則的に賦課課税方式が採用されています。

- 申告納税方式…所得税以外にも、相続税や贈与税、法人税など
- 賦課課税方式…個人住民税や個人事業税、自動車税など

■なぜ、自分で計算して納税するのか？

　所得税も役所が勝手に計算してくれれば楽なのですが、法律で決まっている以上、自主的に税額を計算し申告せざるを得ません。

確定申告は納税者にとっての「権利」でもある

　自分で税額を計算して納税するのは難しいし、なにより面倒です。

　でも、民主主義国である日本の国民にとっては重要な意味を持ちます。

　納める税金の額を自分の責任で自主的に計算して納税できることは、**国が税金を不当に取り立てられない**ことを意味するためです。

　また現実問題として、税務調査でもしない限り、税務署が個々人の詳細な状況を完全に把握することは困難です。

　そのため、各人の実情に応じて適切な税制優遇措置を活用し、きめ細かな計算を行うこともまた、容易ではありません。

　そこで、**自分の判断と責任で税額を申告・納税できる「権利」が与えられている**という見方もできるのです。

　ちなみに、戦前の所得税は賦課課税方式でした。それが戦後の「租税の民主化」によって申告納税方式に切り替えられたという歴史があります。

● 申告納税方式と賦課課税方式の税目

申告納税方式	賦課課税方式
自分で計算して申告	役所が計算して徴税
法人税	個人住民税
所得税	個人事業税
相続税	固定資産税
贈与税	都市計画税
消費税	自動車税
印紙税　など	不動産取得税　など

1-03 確定申告をしないとどうなりますか？

確定申告って難しそうだし面倒だし、**何もせずにほったらかしにしてる人**もいませんか？？

悲しいことに、そういう方もいらっしゃいますね。おおかた後で痛い目に遭ってしまうので、決してほったらかしにしてはいけませんよ！

■ 確定申告をしないと税務調査が……

確定申告すべき方が**期限までに申告書を提出していなかった場合**、**税務署から呼び出し**を受けたり、**実地調査**されることがあります。

税務署はあらゆる方法で情報収集しており、申告すべき人がきちんと申告を行っているかをチェックしているためです。

フリーランスと取引している企業への税務調査等で情報を収集し、そのフリーランスが申告を怠っていると発覚することも多々あります。

企業がフリーランスに報酬を支払っているのに、そのフリーランスが報酬を申告していなければ、簡単にバレてしまいます。

税務署にとって「申告されているけど誤りがあるかもしれない人」よりも「そもそも申告すべきなのに申告していない人」の方が、調査の優先順位が高いことは想像に難くありません。

税務調査となった場合、税務署の職員が自宅や職場へやってきて、1〜3日かけて取引の実態や資料の保管状況について調べます。

その間、調査の対応をしなければならず、気持ちも穏やかではないでしょう。余計な心配することなく仕事に集中するためにも、確定申告は毎年欠かさず行ないましょう。

なお、**無申告が指摘された場合**には、一般的に**5年前までさかのぼって調査**され、その期間の税金をまとめて納付するよう指導されます。

5年分ともなると、納税額も多額になるはずです。資金繰りの観点でも、毎年の申告と納税を欠かすべきではありません。

■ 法律上のペナルティが生じてしまう

税務調査等で無申告を指摘され追徴税額が生じた場合、本来納付すべきであった税額以上の金額を納付しなければなりません。

「**加算税**」という**法律上のペナルティ**が用意されているためです。

加算税は、具体的には「**無申告加算税**」と「**延滞税**」という2つの税が追加で課されることがあります。

無申告加算税は確定申告書を期限までに提出しなかったことに対するペナルティ、**延滞税**は納税が遅れた期間にかかる利息に相当する金額です。

さらに、事実を隠したり偽ったりして意図的に申告をしなかった場合には、より多額の税負担を強いられることになります。無申告加算税に代えて、より税率の高い「**重加算税**」が課されるためです。

余分な税金を支払わなくてはいけないうえに、これらは**支払っても経費にはできません**。

● 無申告課税と延滞税

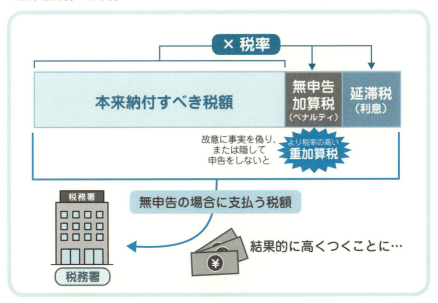

■青色申告の特典が受けられなくなってしまう

確定申告には、**白色申告**と**青色申告**があります。

白色申告は簡易帳簿という簡便な方法で申告でき、比較的負担なく申告の事務処理ができます。

一方、青色申告は、**1年間の所得金額を計算するために、収入金額や必要経費に関する取引状況を記録した帳簿**（仕訳帳、総勘定元帳、現金出納帳など）が必要になります。

フリーランスや個人事業主は、**青色申告をすることで各種の特典を受けられます**（51ページ参照）。ところが確定申告をしないとその特典を放棄することになってしまいます。

青色申告最大の特典である「**65万円の青色申告特別控除**」は、期限内に確定申告書を提出した場合にだけ認められています（加えて、e-Taxの利用または優良な電子帳簿の保存が必要）。

ところが、**期限内に申告をしないと「10万円控除」に格下げ**されてしまうのです。

55万円もの控除が消失するのは、もったいないことこの上ありません。

■所得の証明ができなくなってしまう

確定申告をしないと、**補助金や助成金、給付金の支給申請**ができなくなったり、**ローンや借金の申込み**ができなくなったりする可能性があります。これらの手続では、税務署へ提出済みの確定申告書の写しが必要になることがあるためです。

確定申告書には、売上や所得に関する情報が記載されています。

それらの金額を証明する書類として、補助金や借金の審査にあたって提出が求められるのです。

あなたの事業実績を記録に残すという意味でも、確定申告を行いましょう。

確定申告をしないとどうなりますか？ **1-03**

■確定申告をすべき人とは？

前節で「確定申告は国民の権利」と申しましたが、日本人の多くは確定申告を行っていません。

法律上の義務がある人以外は、申告しなくてもお咎めがないためです。

事実、国税庁が公表したデータでは令和5年分の確定申告をした人数は2,324万件とされ、同じ時期の日本の総人口12,397万人の約18.7％に過ぎません。

それほど、確定申告は多くの人にとって身近ではないのです。だからこそ「申告義務があるにも関わらず、うっかり忘れてしまう」といったことが起きてしまいます。

法律上の義務がある代表的なケースとして、次のようなものが挙げられます。

1. 給与収入がある人

大半は勤務先での「年末調整」によって税金が精算されるため、税務署への申告は不要です。例外的に、次のようなケースで申告が求められます。

▶2ヶ所以上の勤務先から給与の支給を受けている

2ヶ所の勤務先のうち一方で、年末調整を行えないためです。

▶年収が2,000万円を超える

2,000万円超の場合、年末調整を行えないためです。

▶給与以外に、年間20万円を超える所得がある

副業や不動産の賃貸・売買などによって得た20万円以下の所得については、例外的に税務署への申告を省略することが認められています。

そのため副業等の所得が20万円を超えた場合は、原則どおり申告しなければなりません。

2. 収入が公的年金だけの人

年金所得者については特別に確定申告不要制度が設けられており、下記のいずれかに該当する場合のみ申告が必要とされています。

▶年金収入が年間400万円を超えている

▶公的年金以外に、年間20万円を超える所得がある

3. 1、2上記以外の人

17ページの「税金がかからないケース」に該当しない場合、つまり計算の結果として課税所得が生じる場合には、申告義務があります。

1-04 赤字でも確定申告が必要でしょうか？

売上が少なくて赤字になっちゃった年は、さすがに確定申告しなくてもいいですよね？ 儲けが出てなければ税金はかからないはずですし…

おっしゃるとおりで、赤字で所得が生じなければ確定申告をする義務はありません。でも、**赤字だからこそ確定申告をすべき**なんですよ！

■純損失の繰越と繰戻ができる

　青色申告している場合に認められる特典に「**純損失の繰越控除**」（52ページ）、「**純損失の繰戻しによる還付**」（52ページ）と呼ばれるものがあります。

　いずれも、ある年に生じた赤字を別の年の黒字と相殺できる仕組みで、利用すれば**税金の負担を軽減**できるのです。

　ところが、赤字だからといって確定申告をしないと、これらの特典は受けられません。

　確定申告に手間がかかるからといって、せっかく認められている特典を放棄するのはお勧めできません。

■他の所得との損益通算ができる

　損益通算とは、**同じ年に生じた赤字を同じ年の別の所得から差し引いて合算**することです。

　たとえば、フリーランスとしての事業が赤字でも、その赤字を同年の給与所得などから差し引くことができます。

開業した年の途中まで給与収入がある場合や、フリーランスをしながらアルバイト等の**給与収入を得ている場合などには、そこから事業の赤字を相殺する**ことができるのです。

● 損益通算

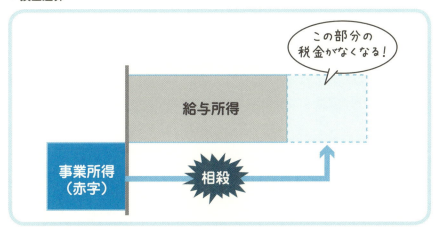

　赤字の年に確定申告をしないということは、同時に損益通算を放棄するということを意味します。

■天引きされた税金（源泉徴収）が戻ってこない

　「**源泉徴収**」という言葉をご存じでしょうか？　フリーランスの報酬から支払い者が税金を天引きして、税務署へ納付する仕組みのことです。
　この仕組みによって天引きされる所得税は、いわば税金の「仮払い」に相当します（詳しくは33ページ）。
　事業が赤字で他に所得がなければ、税金はかかりません。そのため、源泉徴収によって仮払いした税金は確定申告をすると返還してもらえます。返還されるお金を「**還付金**」といいます。
　赤字だからといって確定申告をしないと、仮払いした所得税は戻ってこず、仮払いされたままになってしまいます。
　税務署が気を利かせて勝手に還付してくれるわけではありません。積極的に**確定申告をして取り返しましょう**。

1-05 源泉徴収ってなに？

お客さんから報酬をもらう時に「源泉所得税を引いた金額で振り込むね」って言われたんです。
そういや開業前の給与からも引かれていたみたいなんですが、あれって何なんですか？

源泉所得税というのは、源泉徴収という仕組みで納付する所得税のことです。
あなたが収入を得た瞬間に、その一部が税金として取り立てられるんですよ。

■ 源泉で徴収される所得税、略して「源泉所得税」

　源泉所得税とは「源泉徴収という方法によって納税する所得税」のことです。勘違いされがちですが「源泉所得税」という名前の税金があるわけではありません。

源泉徴収は代理で税を納めること

　「**源泉**」は、一般に水が湧き出す場所を意味しますが、税金の世界で「源泉」と言ったら「**収入が発生する場所**」を指します。
　給与収入であれば勤務先の会社、売上であれば報酬を払ってくれるクライアントが源泉です。
　そして「**徴収**」とは、税金を取り立てることを意味します。
　源泉徴収というのは、**源泉である勤務先の会社やクライアントが、あなたの所得税を「徴収」するシステム**のことなのです。一般に「天引き」なんて呼ばれたりもします。
　勤務先や得意先は、所得税法によって源泉徴収することが義務づけられています。

源泉徴収された所得税は、徴収を行った勤務先や得意先によって、税務署へ納付されます。

　このようにして、会社員やフリーランスは確定申告をしなくとも、計画的・間接的に税金を納めているのです。

● 個人事業主の源泉徴収の仕組み

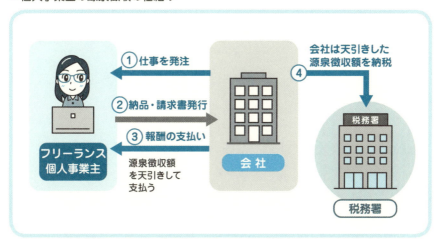

■ 源泉徴収の対象となる仕事は限定されている

　会社員の給与収入からは、所得税等が天引きされています。

　かたや個人事業主の場合は、源泉徴収の対象となる収入は限定されています。

　法律で「源泉徴収の対象になる仕事は、アレとソレとコレと…」と、**具体的に対象が列挙**されているためです。

　フリーランスの場合は、次のような仕事が対象とされています。なお、法人の場合は一部例外を除いて源泉徴収の対象とはなりません。

- 原稿料（書籍、台本、Webライティング、版下など）
- デザイン料（グラフィック、Web、広告、服飾など）
- 講師料（技術、芸術、スポーツなど）
- 講演料
- コンサルタント料

なお、フリーランスが副業でアルバイトをしている場合には、その給与収入から源泉徴収が行われます。

■源泉徴収をしなければいけない人とは

給料や報酬を支払う事業者は、原則として源泉徴収を行う義務があります。

ただし例外的に、**人を雇用していない個人事業主は源泉徴収の義務を負いません**。

従業員を雇っていないフリーランス事業者が誰かに報酬を支払った場合には、一般的に源泉徴収は不要です。

■源泉徴収は100万以上で税率が変わる

フリーランスへ支払われる報酬・料金から源泉徴収される際の税率は、支払額によって異なります。

100万円を超える支払いの場合は、100万円までの部分は10.21％ですが、100万円超の部分には20.42％の源泉税率が適用されます。

- 支払われる額が100万円以下の場合

支払われる額×10.21％

- 支払われる額が100万円超の場合

100万×10.21+（支払われる額－100万円）×20.42

「支払われる額」は原則として消費税込みの金額が対象となります。

ただし例外として、請求書等で税抜の金額が明記されている場合には、その税抜金額を「支払われる額」として差し支えありません。

なお、会社員が受け取る給与収入の場合は、国税庁が公表している「給与所得の源泉徴収税額表」に基づいて徴収額が決定されます。

源泉徴収されていたらどうすればいい？

源泉徴収されていれば、所得税は払っているので、確定申告をしなくても問題ないってことですか？

いやいや、申告しないといけませんよ。
天引き額はあくまで概算にすぎないですからね。
確定申告で税金が戻ってくる場合もありますし！

■ 源泉徴収されていた場合

　確定申告をするにあたり、源泉徴収された所得税の金額を集計することは特に重要です。

　確定申告することにより、**源泉徴収によって仮払いした分だけ納税額を減らせる**ためです。

　徴収された金額をちゃんと管理していないと、その分、余計に税金を支払うハメになってしまいます。

　例えば、あなたが請求した報酬から源泉所得税が10万円天引きされていたとします。そして、確定申告によって算出された所得税の金額が15万円だったとしましょう。

　この場合、あなたが確定申告で**納める所得税は5万円**だけ（＝15万円－10万円）で済むことになります。

　また、源泉徴収税額が15万円で、確定申告で算出した所得税額が10万円だったらどうでしょうか。この場合は、超過している5万円（＝10万円－15万円）が**税務署から還付**されるんです。

　確定申告書では「すでに10万円が源泉徴収されているから、自分は残りの5万円だけ支払うね」または「5万円の支払い超過だから、還してね」という意思表示を税務署に対して行わなければなりません。

● 源泉徴収の天引き額が5万円、所得税額が15万円の場合

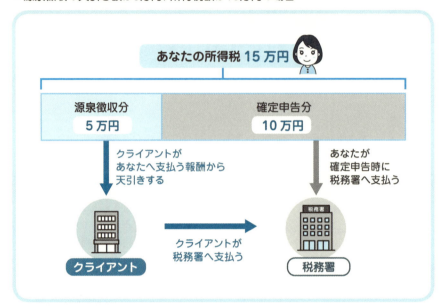

● 源泉徴収の天引き額が15万円、所得税額が10万円の場合

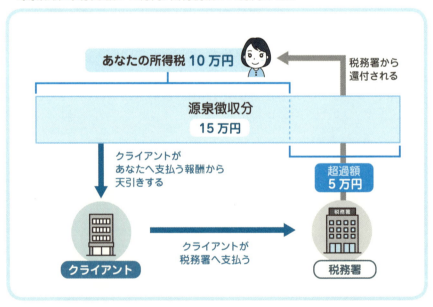

払いすぎても税務署は教えてくれない

その意思表示を忘れた場合に税務署がアナウンスしてくれるかというと、大半のケースではそういった対応は期待できません。

納税額や還付額に直結することから、自分がどれだけ源泉所得税を徴収されているか把握することは、とっても大事なことなんです。

後ほど205、225ページで解説しますが、**会計ソフトへも忘れずに入力**しておく必要があります。

請求額と入金額の差額などから、いくら源泉所得税が徴収されているか確認することを習慣づけましょう。

■ 払いすぎた所得税は還付申告で戻ってくる

確定申告によって計算した所得税額が、すでに納めた源泉徴収額や予定納税額（20ページ）よりも少なかった場合、**払いすぎた所得税を返してもらう**ことができます。そのための申告を**還付申告**といいます。

還付申告は、確定申告期間とは関係なく、翌年の1月1日以降から5年以内であれば手続きが可能です。

還付になる場合は、2月16日より前の1月中に提出しても大丈夫です。また、5年間手続きを受け付けているので、3月15日よりも遅れても大丈夫です。

ただし、青色申告特別控除（55万円、65万円）を受けようとする場合には、法定期限である翌年3月15日までに提出する必要があります（45ページ）。

確定申告書の「**還付される税金**」欄に還付額を、「**還付される税金の受取場所**」に還付金の受取口座等を記入して、通常の確定申告と同様に、納税地を管轄する税務署に提出します。

■ 源泉徴収が必要なのにクライアントがしてくれない

源泉徴収を行う義務があるクライアント（従業員を雇っている個人事業主や、法人）が、その源泉徴収を忘れてしまうケースが少なくありません。

その場合、**支払われる報酬から源泉徴収してもらうようクライアントに伝える**のが、適切な対応といえるでしょう。

源泉徴収漏れを税務署から指摘された場合、源泉徴収義務者であるクライアントに加算税などのペナルティが科される可能性があるためです。

また、税務署の指摘に従ってクライアントが税務処理を是正した場合には、**あなた自身の確定申告もやり直し**が必要になるケースがあります。

徴収漏れがあると、こうした面倒ごとが生じる可能性があります。

源泉徴収の取り扱いを伝えておこう

そこで実務上の対策として、**クライアントへあらかじめ源泉所得税の取り扱いについて伝えておく**ことがよくあります。

クライアントへ渡す請求書に「源泉所得税」というマイナス項目を設けて、**所得税天引き後の金額だけを振り込むように伝える**ケースがその典型です。

また、**契約書において源泉所得税の取り扱いについて明記する**こともあります。

クライアントにとっても、フリーランスが源泉徴収義務について気を利かせてくれるのはありがたいことでしょう。

信頼関係を築くためにも、**源泉徴収の取り扱いについて事前に確認**し、明確にしておくことをオススメいたします。

2日目

フリーランスの青色申告の基礎知識

青色申告は、フリーランスに大きな節税効果をもたらします。
本日は、この青色申告の基本的な仕組みとその特典について学びます。
税制上の優遇措置を最大限に活用するためには、必要な手続きや条件を正しく理解することが不可欠です。
効果的な節税策である青色申告に挑戦し、ビジネスの収益性をさらに高めましょう。

青色申告のスケジュール

令和 **6** 年 （2024 年）	**1** 月	**2** 月	**3** 月	**4** 月	**5** 月

1 月から 12 月まで

記帳とは、帳簿（P57）に売上や経費、資産負債の

令和 **7** 年 （2025 年）	**1** 月	**2** 月

所得税の申告・納税期
2/16 ～ 3/15 （原則

決算整理

1 月から 12 月までの入力
内容に調整を加えて所得金
額を確定させます。

消費税の申告・納税期
1/1 ～ 3/31 （原則）

資料収集

源泉徴収票や控除証明書などの、確
定申告書の作成に必要な書類を収集
します。

確定申告書は会計ソフ
トや国税庁の「確定申
告書等作成コーナー」
（無料）でも作成が可
能です。

青色申告決算書・確定申告書の作成

税務署へ提出が必要な書類を作成します。
青色申告決算書は会計ソフトへの入力ができていれば、大
分は自動で作成されます。

期中に開業した場合
開業した日から2ヶ月以内（開業日が1月1日〜15日の場合は、その年の3月15日まで）に「青色申告承認申請書」を税務署に提出します。

| 6月 | 7月 | 8月 | 9月 | 10月 | 11月 | 12月 |

日々の取引を記帳する

を記入することです。会計ソフトを使って行います。

| 3月 | 4月 | 5月 |

期限までに申告書の提出と納税をしていない場合、納税金額とは別に加算税が課されることも！

提出する書類

青色申告決算書　損益計算書
事業の収益と費用を勘定科目ごとに集計し、事業所得の金額を計算。

青色申告決算書　貸借対照表
事業上の財産や債務の金額を勘定科目ごとに集計。

確定申告書　第一表
基本情報や税額の計算過程を記載する表です。必ず提出します。

確定申告書　第二表
第一表を補足し内訳を詳しく説明する表です。必ず提出します。

確定申告書　第三表
株式や不動産の売却による所得（申告分離所得）がある場合に提出。

確定申告書　第四表
損失の繰越を行う場合にだけ提出。

2-01 会社員とフリーランスの税金の計算方法の違いは？

開業すると確定申告が義務になるんですよね。でも会社勤めのときは、確定申告とは無縁でしたよ。もらっていた給与は申告しなくて良かったんでしょうか？

実は、給与は会社が代わりに税務署への申告と納税をしているんですよ。

■フリーランスは年末調整がなく確定申告が必要

多くの会社員は、確定申告の必要がありません。**企業が従業員に代わって税金の計算と納付を行う「年末調整」という制度**があるためです。ただし、年収2,000万円超の場合や副業による所得20万円超の場合などは、**確定申告**が求められます。

年末調整は給与収入のみを対象としており、11～12月頃に手続きを行います。勤務経験のある方なら、この時期に勤め先へ提出する書類を記入した記憶があるでしょう。一方、**確定申告はすべての収入（売上、賃貸収入、配当、など）が対象**です。

フリーランスなどの個人事業主は年末調整がないため、**自ら確定申告で税額を計算し納税**する必要があります。

給与所得者と比べ、税務関連の作業が増えることになります。

なお、年末調整済みでも確定申告をする場合があります。医療費控除や住宅ローン控除の初年度など、**確定申告でしか適用できない減税制度**を利用するためです。

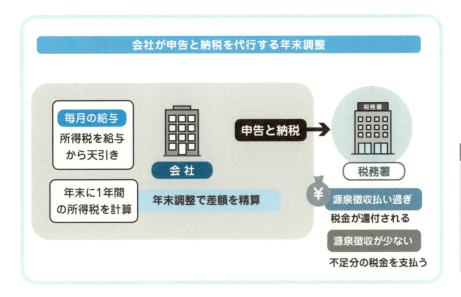

■会社員の給料にも経費が認められています

あまり知られていませんが、**会社員の給料にも経費**は認められています。年収の額に応じて、経費に相当する金額が自動的に差し引かれるためです。この仕組みのことを「**給与所得控除**」といいます。

概算額を使うので経費集計の手間がかからず、金額が一律なので公平性がある、特別な申請が必要ないといった点がメリットです。

一方で、上限額が決まっているといったデメリットもあります。

● 給与所得の収入ごとの控除額

給与等の収入金額 (給与所得の源泉徴収票の支払金額)	給与所得控除額
162万5,000円以下	55万円
162万5,001円～180万円	収入金額×40％－10万円
180万1円～360万円	収入金額×30％＋8万円
360万1円～660万円	収入金額×20％＋44万円
660万1円～850万円	収入金額×10％＋110万円
850万1円以上	195万円（上限）

■売上の経費はかかった分だけ計上できる

個人事業主やフリーランスは、**実際に要した経費を売上から上限なく差し引いて申告できます。**

経費の集計や証拠書類の保管という手間がかかるものの、給与所得控除のような概算額ではなく、実際の支出を計上できる自由度の高さは大きな利点です。

経費として認められるのは、事業に関連する人件費、地代、消耗品費、通信費などです。当然ですが、事業に無関係な支出は経費として認められません。

経費として認められる費用と認められない費用についての詳細は124ページで確認してください。

■給料と事業の売上は税金のかかるタイミングが違う

サラリーマンの給与と個人事業主の売上は、どちらも収入である点では同じです。ただし、給与収入と事業収入では、**税金がかかるタイミングが異なります。**

会社から支払われる**給与**は、基本的に**支給日に税金がかかります**が、売上はそうではありません。

例えば2024年12月31日が締め日で、2025年1月25日が給与の支給日の場合、その給与は実際にお金が動く2025年の収入として課税されます。

ところが売上の場合、2024年12月31日締め分の売上は、2024年の収入として申告が必要なのです。

実際の入金が翌年以降の場合や未入金の場合でも、**商品やサービスを納品した年の収入として申告が必要**なのです。

こうしたことから、個人事業の売上は給与と違って「いつの分の売上か」「いつ入金されたか」といった管理がとても重要になってきます。

代金の請求も、その回収も、それに対応する納税も、事業主自らの責任で行わなければいけません。

● 収入の計上時期の違い

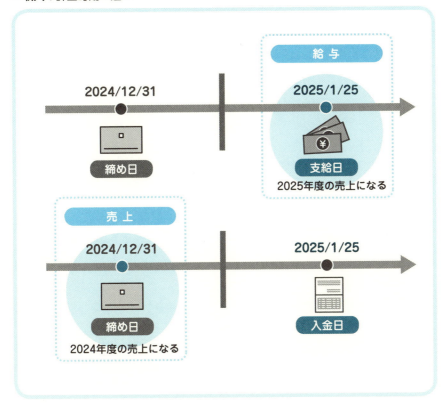

2-02 開業したら税務署に必ず提出する書類

フリーランスとして開業するとなると、手続きが多くて大変です。税理士の先生から忘れてはいけないことのアドバイスはありますか?

税務上の手続きも忘れないようにしてくださいね。開業届と青色申告承認申請書を税務署へ出すことは特に重要ですよ。

　フリーランスとして開業する際には、提供するサービス等の価格や営業方針、初期資金の準備など、多くのタスクが待ち構えています。
　そんな中でも見逃してはならないのが**税務上の手続き**です。
　ここでは、開業したら税務署に**最低限提出すべき書類**を2つ解説します。

- 開業届
- 青色申告承認申請書

■開業届

　開業届（正式名称は「個人事業の開業・廃業等届出書」）は、あなたが**事業を開始した日を所轄の税務署へ報告する**ための書類です。
　同様に、地方税を管轄する都道府県税事務所へも「事業開始等届出書」を提出します。
　「事業を開始した日」の明確な定義はありませんが、一般的には「事業収入を得るために必要な行動を始めた日」と説明されます。対外的に開業を宣言した日や、顧客との打ち合わせを開始した日などが、その例です。
　提出した開業届の写しは、**事業開始日**を証明する書類としても機能します。事業者であること、すでに開業していることの確認書類として、次のような手続きにおいて提出を求められることがあります。

開業したら税務署に必ず提出する書類　2-02

- 事業者向けの補助金や助成金の申請
- 屋号付き銀行口座の開設や事業用クレジットカードの利用申込み
- 事業者向けの保険や共済への加入申込み
- オフィスの賃貸借契約
- 融資の審査
- 再就職手当金の支給申請

開業届の提出期限は、税務署の場合、**事業開始日から1か月以内**です。都道府県税事務所への提出期限は地域により異なります。

この届出は法律で義務付けられていますが、未提出に対する罰則はありません。ただし、法律で提出が義務づけられており、各種手続きにも必要な書類です。忘れずに提出しましょう。

なお、開業届の提出により失業手当や再就職手当の受給資格が失われる可能性がある点にも注意してください。

■ 所得税の青色申告承認申請書

「**所得税の青色申告承認申請書**」は、後述（47、50ページ）する青色申告の適用を受けるために税務署へ提出する申請書です。提出することによって、青色申告の特典を利用した節税が可能になります。

提出期限は、**新たに青色申告を適用しようとする年の3月15日まで**です。令和6年分の確定申告は令和7年3月17日までですが、申請書は令和6年3月15日までに提出する必要があります。

ただし、1月16日以降に事業を開始した場合は、**開始日から2か月以内**に提出すれば、その年分から青色申告を適用できます。

提出する際の注意

上記2書類は、**持参**、**郵送**または**オンライン（e-Tax）**で提出できます。この際、提出した事実を証明できるように、必ず提出内容や提出先、提出日の事績を残すようにしましょう。e-Taxによる提出であれば、事績は自動的に残ります。持参・郵送の場合、書面に提出先や提出日を明記し、コピーを保管します。記録し忘れてしまった場合、税務署への閲覧申請や開示請求などの方法で確認することも可能です。

2日目
フリーランスの
青色申告の基礎知識

45

● 開業届の記載例

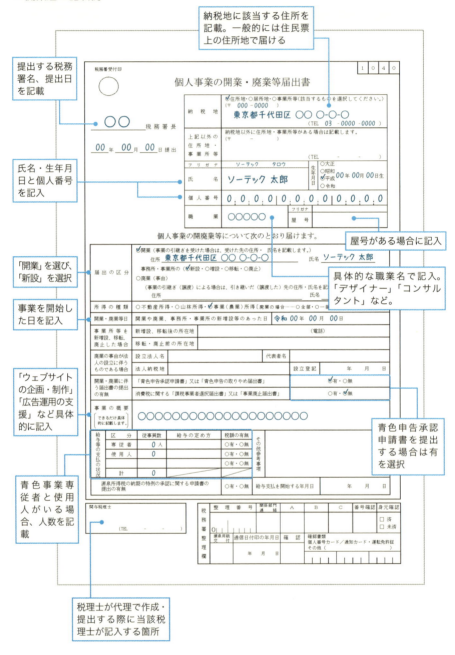

開業したら税務署に必ず提出する書類　**2-02**

● 青色申告承認申請書の記載例

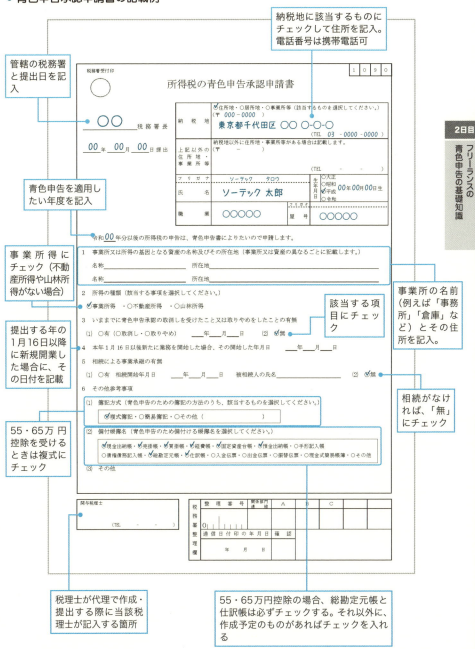

2-03 青色申告ってなに？

確定申告について「青色申告」っていうのをよく耳にするんですが、それって何なんですか？

青色申告というのは、正確な会計処理と期限内の申告を奨励するために設けられている制度のことです。申告の難易度は上がりますが、それだけに多くの優遇措置があるんですよ。

■ 確定申告には白色申告と青色申告があります

　確定申告をしたことがない方であっても、青色申告、白色申告といった言葉を一度は見聞きしたことがあるかもしれません。
　どちらを行うかによって負担する税額や手続きが大きく異なるため、その違いを知っておく必要があります。

青色申告では会計帳簿が必要！ お得な優遇措置がたくさん！

　確定申告には白色申告と青色申告があります。
　青色申告は、**不動産所得、事業所得、山林所得が生じる事業**を行っている場合にだけ適用できる申告方法です。
　一定水準以上の帳簿付け（売上や経費などの情報を会計帳簿に記録すること）が求められる反面、所得税の計算においてより節税が可能になる**多くの優遇措置**が設けられています（詳しくは51ページ）。
　「青色」という名称は、青空のようにスッキリとした、さわやかで気持ちの良いイメージを連想させるために選ばれたそうです。
　まさに、透明性の高い会計処理と適正な申告を奨励する制度趣旨があらわれた言葉ですね。

青色申告には優遇措置がある！

　具体的には、青色申告を選択すれば、次のような**優遇措置**を受けられます。詳細は51ページでそれぞれ詳しく解説しています。

- 年間最大65万円の所得控除を受けられる
- 家族の給与を必要経費として扱うことができる
- 損失（赤字）を3年間にわたり繰り越せる
- 減価償却の特例（30万円未満の固定資産を即時償却）

白色申告は簡単な反面、優遇が受けられない

　確定申告のもう1つの方式として、**白色申告**があります。これは、**簡易な書類の作成のみで申告できる方法**です。

　かつて青色申告の用紙（青色申告決算書）がその名のとおり青い色で、それ以外の用紙（収支内訳書）が白色であったため、白色と呼ばれるようになりました。

　青色申告を行うためには**事前の承認手続きが必要**な一方、白色申告にはそれがありません。手続きを行わなければ、自動的に白色申告が適用されます。

　白色申告で求められる帳簿付けの水準は高くありません。いわゆる「お小遣い帳」程度の内容で事足りるので、わざわざ会計ソフトを導入しなくても、Excelなどの表計算ソフトで十分対応できます。

　その代わり、**各種の優遇制度は受けられません**。

　かつては白色申告だと帳簿付けの義務がなく、青色申告の方法を学べる機会も少なかったため、優遇制度をあきらめてでも白色申告を選ぶメリットはありました。

　ところが現在では、求められる水準は低いとはいえ**白色申告にも帳簿付けの義務はあります**し、インターネットや書籍を通じて青色申告について学べる機会も多くあります。

　あえて**特典を放棄して白色申告を行う意義は薄れている**と言わざるを得ません。

青色申告の手続きは簡単です！

　青色申告を行うためには、税務署長の承認が必要です。そのための申請は簡単で、「**所得税の青色申告承認申請書**」（47ページ参照）を提出するだけです。

　過去1年以内に青色申告を取りやめ、または承認取消しの処分を受けていなければ、自動的に承認されます。

　個人事業主やフリーランスとして新たに事業を行なうときには、**開業届**も必要になります（46ページ参照）。

青色申告は個人事業主の「特権」

　青色申告は、**事業所得、不動産所得または山林所得が生じる事業を営んでいるものだけが行うことができる**と所得税法に規定されています。

　これは青色申告が会計処理や必要経費の控除などをより詳細に行う必要がある事業者向けの制度であるからです。

　そのため、**給与収入だけを得ている会社員は青色申告はできません。**

　青色申告は個人事業主の「特権」であるともいえるのです。

● 青色申告と白色申告の比較

	青色申告	白色申告
帳簿付け	複式簿記	単式（簡易）簿記
決算書の種類	青色申告決算書	収支内訳書
税制上の優遇措置	65万円の所得控除などいろいろあり	なし
承認手続き	あり	なし

2-04 青色申告にはどんな特典があるの？

確定申告の話題になると、必ずと言っていいほど「**青色申告がお得**」だと聞きますが、具体的に何がどうお得なのか、いまいちピンときません。

では早速、見ていきましょう！　青色申告の特典のなかでも特に効果の高いものを紹介します！

■ 所得税はどうやって計算するか

所得税は所得に対してかかる税金です。したがって、所得の金額を減らすことができれば、連動して所得税の額も減ることとなります。

所得税の計算方法

所得税 ＝ 所得 × 税率

「所得」の金額は次の式で算出します。

所得 ＝ 収入 − 経費 − 控除※

※本章では、所得控除のことを指します

所得金額	所得税率	住民税率
〜195万円	5%	
〜330万円	10%	
〜695万円	20%	
〜900万円	30%	10%
〜1800万円	33%	
〜4000万円	40%	
4000万円〜	45%	

まとめると、下図のとおりになります。

| 売　上 |
利益（所得）	経　費	→ **青色申告決算書** 利益を計算する
課税所得	控除
課税所得 × 税率 ＝ 税額	→ **確定申告書** 税額を計算する

青色申告の特典は、**経費または控除のいずれかを増やすもの**と思ってください。

　経費や控除が10万円増えれば所得も10万円減るため、最低税率（所得税5％＋住民税10％）で考えても1万5,000円（＝10万円×15％）が減税されるイメージです。

■ 青色申告には3つの大きな特典がある

　青色申告には約50種類の特典があります。ここでは、**フリーランスにとって特に有益な3つの特典**を紹介します。

1. 最大65万円の控除が増え、税金が安くなる

　青色申告を選択し、複式簿記で記帳した「**損益計算書**」と「**貸借対照表**」を作成・提出すれば、**事業の利益から65万円を控除**できます（単式簿記の場合は10万円の控除）。最低税率15％で計算しても、税額を9万7,500円減らす効果が見込めるのです。

　これは青色申告がもたらす最大のメリットの1つであり、税負担を大幅に軽減することが可能になります。

　なお、**e-Taxを利用した電子申告、電子帳簿保存を行わない場合**は、55万円の控除となります。

2. 赤字が出ても大丈夫、その分を他の年度の黒字と相殺できる

　青色申告には「**純損失の繰越控除**」という特典があります。これは、申告した年が赤字（売上より経費が多い状態）になった場合、**その赤字額を最大3年間繰り越して将来の所得から控除できる制度**です。

　さらに、「**純損失の繰戻し還付**」という特典もあります。この特典により、**1年前の所得から当年の赤字を控除し、過去に支払った税金の還付を受ける**ことが可能です。

　ビジネスである以上、黒字経営を目指さなければならないのは当然です。しかし、開業初期の売上が少ないときや、世間の情勢が悪化しているときなど、どうしても赤字を避けられなかったりします。そんな場合のお守りとして、ぜひとも準備しておきたい特典です。

3. 家族に支払った給料を経費にできる

「**青色事業専従者給与**」という、生計を共にする家族（配偶者や親族）に支払った給与を経費に加算できる特典です。

「**青色事業専従者給与に関する届出書**」という書類を税務署へ提出することで適用を受けられます。

例えば配偶者にアシスタントとして働いてもらい、月10万円の給料を支払ったケースで考えてみましょう。**経費が年間120万円増える**ことで、最低税率で18万円もの効果を見込むことが可能です。

白色申告の場合にも「事業専従者控除」という類似の制度はあるのですが、上限額が決まっているため、青色申告の特典に比べると減税効果は抑えられているのです。

ただし注意点もあります。その家族が「**専従**」していない（他の企業にも勤務している）場合や、**支給額が不相当に高額な場合**などには、経費に認められないことがあるのです。

また支給を受けた家族本人には支給額に応じた所得税や住民税がかかるので、経費が増えた分だけまるまる得するわけではありません。

注意は必要ですが、うまく利用することで大きく税額を抑えることが可能です。

● 青色申告の特典と白色申告との比較

	特　典	青色申告	白色申告
1	青色申告特別控除	所得金額から最大65万円を差し引くことができる	なし
2	純損失の繰越控除	赤字を3年間繰り越して、将来の所得から控除	被災による損失など一定の損失に限る
	純損失の繰戻し還付	赤字を前年の所得から控除して、納付済みの税金を還付	なし
3	青色事業専従者給与	家族を従業員にして給与を支払い経費にできる	配偶者は86万円、その他の親族は50万円を限度に控除

青色申告の控除額は65万、55万、10万の3段階

「最大」65万円っていうのが気になったんですが、65万円じゃないこともあるってことですか？

お、よく気付きましたね。おっしゃる通りで、控除額が55万円もしくは10万円に減額されてしまうケースもあるんです。

■65万円の控除が減ることもあります

　青色申告特別控除には、**控除額が3段階**あります。「最大」65万円とお伝えしたのはそのためです。
　ここでは、控除額が65万円から減額されるケースを確認します。なお解決策としては、**会計ソフトの導入が最も効果的**です（72ページ参照）。

● 青色申告特別控除65万円を受けるためには…

控除額＼適用要件	複式簿記 （正規の簿記の原則で記帳）	貸借対照表と損益計算書を添付	期限内に申告 （3月15日）	e-Taxで申告又は優良な電子帳簿保存
65万円	○	○	○	○
55万円	○	○	○	ー
10万円	（簡易な記帳）	ー	ー	ー

青色申告の控除額は65万、55万、10万の3段階　**2-05**

■「複式簿記」で帳簿付けしないと控除額が10万円に減る

青色申告の帳簿付けには、大きく分けて「**複式簿記**」と「**簡易簿記**」の2種類があります。控除の特典はそれぞれ次のようになります。

- 複式簿記による帳簿付け　**65万円の控除**
- 簡易簿記による帳簿付け　**10万円の控除**

複式簿記とは、簿記の正式なルール（「**正規の簿記の原則**」といいます）に従って記録された帳簿のことです。透明性が高く不正の起こりづらい帳簿を作成できることから、そのインセンティブとして控除額が高めに設定されています。

簿記の知識がない人は会計ソフトで解決できる！

税理士として多くの方を見てきた経験上、簿記知識の乏しい方が**会計ソフトに頼らず複式簿記に対応するのはほぼ不可能**だと言えます。作成しなければならない帳簿（57ページ）が山のようにあるためです。

かたや、簡易簿記は複式簿記に比べると作成する帳簿が少なく、紙や表計算ソフトなどを使って自力で対応できるくらいの難易度です。

それでもいくつかの帳簿をルールに従って作らねばならないため、記帳の手間は避けられません。結局は**会計ソフトを使った方が楽**だという結論になります。

■「期限内申告」しないと控除額が10万円になる

65万円の控除を受けるためには、**確定申告書を提出期限（翌年の3月15日）までに提出**しなければなりません。

期限を過ぎてしまうと、控除額が10万円に減らされます。

青色申告が期限内の申告を奨励する目的で制度化されているために、このような縛りがあると考えられます。

申告期限ばかりは会計ソフトで解決できることではなく、皆さんが気をつけて守らなければいけないことです。

それでも、記帳作業を楽にして早期に申告を終えられるようにするという観点では、やはり会計ソフトを利用すべきですね。

2日目
フリーランスの
青色申告の基礎知識

55

■「電子申告」をしないと控除額が55万円に減る

青色申告で65万円の控除を受けるためには、**e-Taxで電子申告**をするか、**優良な電子帳簿の保存**を行うことが必要です。

電子申告とは、確定申告書をパソコンやスマートフォンを使い、国税の申告・納税が行なえる国税庁のe-Taxにより、オンラインで提出する方法のことです。

確定申告書を**紙に印刷して税務署へ持参したり郵送**したりする場合は、控除額が**55万円**に減ってしまいます。

税務行政の効率化のために電子化を進めていきたいという、国の方針が伺えます。

3-2（74ページ）で紹介する会計ソフトは、e-Taxによる電子申告に対応しているので、参考にしてください。

電子申告する代わりに「優良な電子帳簿の要件を満たして電子データによる備付けおよび保存を行い一定の事項を記載した届出書を提出する」という方法もありますが、その場合でも会計ソフトを利用して記帳することには変わりありません。

そうであれば、申告も会計ソフトを利用して電子化するほうが手っ取り早いといえます。

2-06 青色申告に必要な帳簿と書類

65万円の控除を受けるためには、いろいろ用意しなきゃいけないんですね。もう少し具体的に、どんなものが必要か知りたいです。

確定申告書はもちろん、帳簿と青色申告決算書の作成が必要になりますよ。それぞれ、詳しく解説しますね。

■ 65万円の控除を受けるためにはどの書類が必要？

65万円の青色申告特別控除を受けるためには**帳簿**（複式簿記のルールに準拠したもの）と**青色申告決算書**を作成しなければなりません。

● 青色申告に必要な帳簿と青色申告決算書

帳簿	主要簿	仕訳帳（仕訳日記帳とも） 総勘定元帳
	補助簿（任意）	現金出納帳 預金出納帳 売掛帳 買掛帳 固定資産台帳　等
青色決算書	損益計算書	
	貸借対照表	

それぞれどのようなものかは、このあと解説します。

帳簿と青色申告決算書は相互に連携しており、ある資料の記載内容が別の資料に転記される仕組みとなっています。

その相互関係を図式化したのが次の図です。会計ソフトを利用している場合、転記は自動的に行われます。

● 会計ソフトを使った帳簿入力の流れ

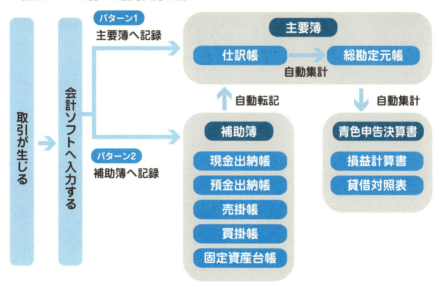

■ 帳簿とは

「帳簿」は企業の経済活動や財産の増減を記録する帳面のことです。税務署への提出は必要ありませんが、作成して保管することが法律で義務づけられています。

帳簿には**主要簿**および**補助簿**と呼ばれる2つのカテゴリーが存在します。

● 主要簿と補助簿の目的と種類

	65万円控除を受ける場合	目的	帳簿の種類
主要簿	作成必須	経済活動を複式簿記のルールに従って網羅的に記録する	仕訳帳 総勘定元帳
補助簿	任意に作成	特定の項目について補助的に記録する	現金出納帳 預金出納帳 売掛帳 買掛帳 固定資産台帳　等

■ 主要簿（仕訳帳と総勘定元帳）

主要簿には**仕訳帳**と**総勘定元帳**の2つの帳簿があります。

仕訳帳は取引の一覧表としての性質をもち、総勘定元帳は仕訳帳を分類・集計する性質をもっています。

仕訳帳（仕訳日記帳）

仕訳帳は、企業が行った**すべての取引を日付順に記録する帳簿**です。1年間のあいだにどのような取引が行われたのか、網羅的に確認する目的で使用します。

複式簿記のルールに基づいて**借方**と**貸方**に分けて記載し、資産の増加や費用の発生は借方に、負債の増加や収益の発生は貸方に記録します。

● 仕訳帳の具体例

仕 訳 帳					
日 付	借方勘定科目	借方金額	貸方勘定科目	貸方金額	摘要
4　10	売掛金	100,000	売上高	100,000	○○商店へ掛け売上
4　25	普通預金	100,000	売掛金	100,000	○○商店から入金
4　30	（諸口）		普通預金	32,000	××銀行へ返済
	借入金	30,000			
	支払利息	2,000			

総勘定元帳

総勘定元帳は、**仕訳帳に記載された内容を勘定科目ごとにページを分けて転記する帳簿**です。

「借入金はいつ増えていつ減って、最終的にいくら残っているか」といったように、特定の項目について確認する目的で使用します。

● 総勘定元帳（借入金）の具体例

借 入 金						
日 付		勘定科目	摘要	借方金額	貸方金額	残高
			前期繰越			0
1	31	普通預金	××銀行から借入		1,000,000	1,000,000
2	28	普通預金	××銀行へ返済	30,000		970,000
3	31	普通預金	××銀行へ返済	30,000		940,000
4	30	普通預金	××銀行へ返済	30,000		910,000

■ 補助簿

現金出納帳、預金出納帳

　入出金の状況を記録し、**残高を把握するために使用する補助簿**です。対象が現金であれば現金出納帳を、預金であれば預金出納帳を使用します。

　現金の実際有高や預金通帳の残高と突合することで、取引の入力漏れや入力誤り、現金の紛失等に気付きやすくなります。

● 現金出納帳の具体例

日 付		勘定科目	摘 要	収 入	支 出	残 高
			前月繰越	32,900		32,900
1	1	消耗品費	ノート購入		500	32,400
	9	旅行交通費	品川→目黒タクシー代		1,000	31,400
	20	水道光熱費	水道代		5,000	26,400
	25	水道光熱費	電気代		6,000	20,400
	(31)		（合計）	32,900	12,500	20,400
2	1		前月繰越	20,400		

売掛帳・買掛帳

　売掛帳は、顧客への商品の販売やサービス提供後、まだ**回収していない代金（売掛金）を管理する補助簿**です。取引日や、売上金額、入金日、入金金額、残高などを取引先ごとに記録します。

　買掛帳はその逆で、商品や原材料の仕入を行ったあと、まだ**支払っていない代金（買掛金）を管理する補助簿**です。

青色申告に必要な帳簿と書類　**2-06**

● 売掛帳の具体例

○○商店

日　付		摘　要	借　方	貸　方	残　高
4	1	前月繰越	120,000		120,000
	2	売上 A 商品	45,000		165,000
	5	売上 B 商品	20,000		185,000
	10	預金振込		120,000	65,000
	15	売上 A 商品	30,000		95,000
	20	返品 A 商品		5,000	90,000
	25	売上 A 商品	10,000		100,000
	30	合計	225,000	125,000	
5	1	前月繰越	100,000		100,000

固定資産台帳

　固定資産台帳は、事業で使用する**減価償却資産（131ページ）の詳細を記録・管理する帳簿**です。資産ごとに、購入日や取得価格、耐用年数、減価償却費、現時点の残存価値などが含まれます。

　この帳簿を使うことで、減価償却費の計算根拠が明らかになり、正確な申告が可能になります。

　また後述する「青色申告決算書」には、それぞれの減価償却資産を一覧で記入する箇所（「減価償却の計算」）が存在するため、その根拠資料として固定資産台帳を整備しておく必要があります。

● 固定資産台帳の具体例

名称　　軽自動車
番号
種類　　車両運搬具

取得年月日	H30.7.1	償却方法	定額法
所　在	千代田区	償却率	0.25
耐用年数	4 年		

年月日			摘　要	取　得			償却費	異　動		現　在		備　考	
				数量	単価	金額		数量	金額	数量	金額	事業専用割合	必要経費算入額
30	7	1	新車購入	1台		1,200,000					1,200,000		
	12	31	30年減価償却費				150,000				1,050,000	70	105,000
			累計			1,200,000	150,000				1,050,000		105,000

61

■ 主要簿と補助簿の関係

65万円の青色申告特別控除を利用するためには、**主要簿を作成および保管**しなければなりません。

主要簿は65万円控除の要件（54ページ）である複式簿記の成果物であり、法律で義務づけられているためです。

補助簿はその名のとおり、主要簿の作成にあたって補助的な役割を果たす帳簿です。

主要簿よりもさらに詳細な情報を記録したいときや、特定の勘定科目の明細を管理したいときに使用します。

主要簿の作成が行われている場合、補助簿の作成は義務ではなく任意です。利便性を感じるのであれば使う、という程度の認識でかまいません。

帳簿に記録された内容は、他の主要簿や補助簿へも転記されます。

転記が行われる様子を「やよいの青色申告」の画面で見てみましょう。例として、補助簿のひとつである**現金出納帳へ次の取引を記録**します。

- 1月31日に（日付）
- ○○文具店で（場所）
- 事業に使用するボールペン（消耗品）を（購入物）
- 330円で購入し（金額）
- 代金を事業用の財布から現金で支払った（支払いの手段）

入力した結果、現金出納帳にデータが1行追加されます。

● やよいの青色申告（デスクトップ版）で現金出納帳に入力

すると、他の帳簿へもその内容が自動的に転記されるのです。

かつて会計ソフトが一般に普及する前は、同じ内容を複数の帳簿へ手書きする必要がありました。記帳にかかる労力がどれだけ大きかったか、想像に難くありません。

今では誰もが会計ソフトによって記帳の労力を軽減できます。便利な世の中になったものです。

2-07 青色申告決算書はこうなっている

青色申告をするにあたって、提出する青色申告決算書について教えてください！

青色申告決算書は4ページからできています。それぞれ見ていきましょう！

■青色申告決算書はこうなっている

青色申告決算書とは、帳簿に記録した情報を決算書（1年間の経営成績と財政状況を表す書類）の形式でまとめたものです。

青色申告を行う際、確定申告書に添付して税務署へ提出しなければなりません。

国税庁によって様式が指定されており、次の4ページから構成され、それぞれ記載項目が用意されています。

> 1ページ目　損益計算書
> 2ページ目　損益計算書の内訳（月別の売上、収入、賃金・賞与等）
> 3ページ目　損益計算書の内訳（事業収入、売上原価、経費、事業所得）
> 4ページ目　貸借対照表

■1ページ目：損益計算書

　事業の収益と費用を勘定科目ごとに集計し、事業所得の金額を計算するための書式です。
　主要簿である総勘定元帳のなかから「収益」「費用」に該当する項目を転記することで作成されます。

● 青色申告決算書（一般用）の記載例

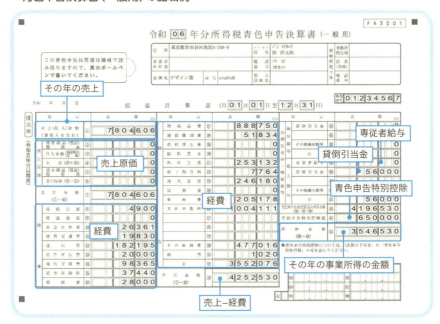

■2ページ目：損益計算書の内訳（1）

　1ページ目に記載した金額のうち、特定の項目について内訳を記入するページです。
　多くの会計ソフトでは、「月別売上（収入）金額及び仕入金額」欄は、主要簿から自動転記してくれます。

2ページ目：損益計算書の内訳（1）の記載例

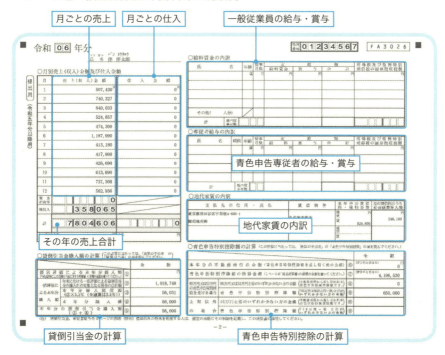

■ 3ページ目：損益計算書の内訳（2）

2ページ目と同様に、特定の項目について内訳を記入するページです。このうち「減価償却費の計算」欄は、補助簿である固定資産台帳の記載項目を転記することで作成可能です。

3ページ目：損益計算書の内訳（2）の記載例

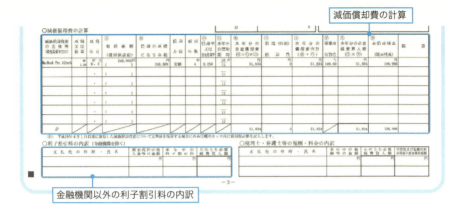

■4ページ目：貸借対照表

事業上の財産や債務の金額を勘定科目ごとに集計したものです。**65万円控除の必須要件**となっており、これがないと控除額が10万円に減額されてしまいます。主要簿である総勘定元帳のなかから**「資産」「負債」「資本」**に該当する項目を転記することで作成されます。

● 4ページ目：貸借対照表の記載例

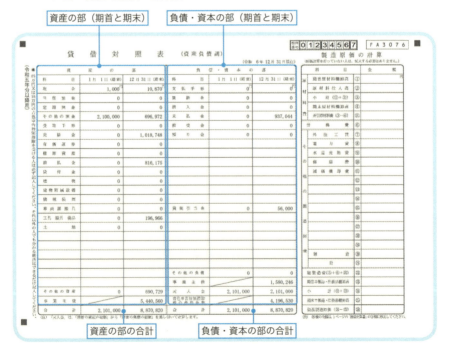

2-08 確定申告書の種類と記載例

青色申告決算書はわかりました。同時に提出する確定申告書の概要を知りたいです！

確定申告書は第一表から第四表まであり、必要な書類だけを作成して提出します。

■ 確定申告書の種類

確定申告書は**所得金額や税額を計算するための書類**です。

青色申告に限らず、確定申告をする際に作成および税務署への提出が必要になります。

確定申告書には**第一表と第二表の2枚から構成**されています。

また、株式等の譲渡所得・配当所得・不動産の譲渡所得・山林所得などの**分離課税の所得がある場合は第三表も提出**する必要があります。

各表は相互に連携しているほか、青色決算書から金額が転記される箇所があります。

- 確定申告書　第一表　収入、所得、控除、税額計算
- 確定申告書　第二表　第一表記載金額の詳細、地方税に関する事項
- 確定申告書　第三表　分離課税の所得がある場合に提出
- 確定申告書　第四表　損失の繰越しがある場合に提出

■ 確定申告書　第一表はこうなっている

　第1表は、申告する方についての基本情報や各種の収入・所得金額、所得控除の額、税額控除の額などを記入し、納めるべき税額や還付を受けられる税額を計算するための書類です。確定申告をするすべての方が作成し、提出する必要があります。

● 確定申告書　第一表の記載例

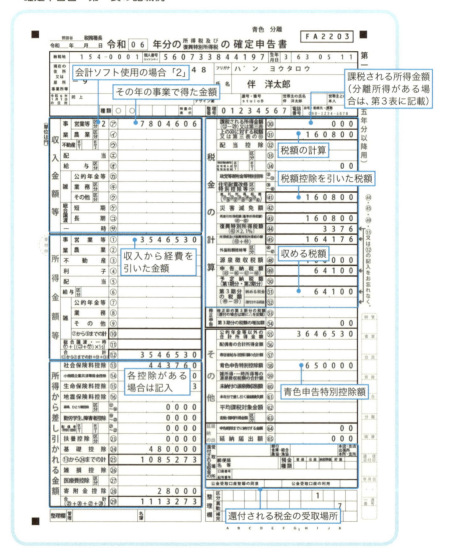

■確定申告書　第二表はこうなっている

　第2表は、第1表に記載した内容の明細を記入する書類です。個人住民税や個人事業税に関して記載する箇所もあり、市区町村や都道府県が税額を計算する際に参照されます。第1表と同じく、確定申告をするにあたって必ず作成し提出します。

● 確定申告書　第二表の記載例

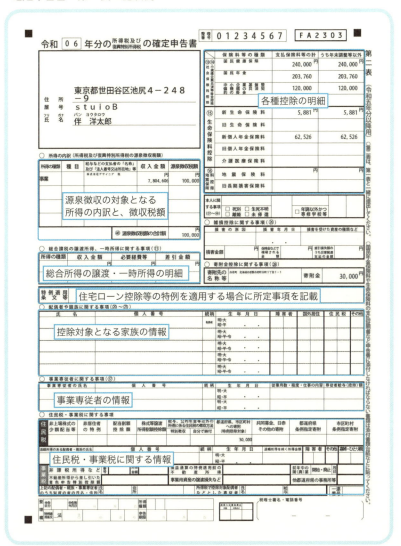

■確定申告書 第三表はこうなっている

　第三表は、申告分離課税という方式で課税される所得を申告するための書類です。土地建物の売却による譲渡所得や外国為替証拠金取引（いわゆるFX）による雑所得など、対象となる所得がある場合に限って作成します。

● 確定申告書 第三表の記載例

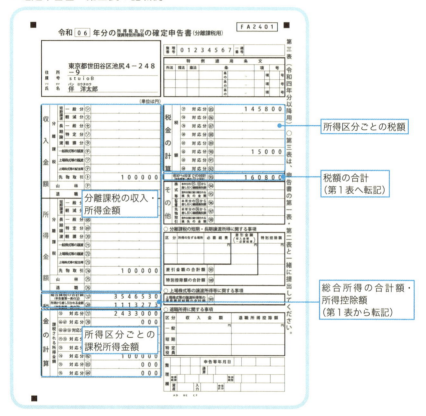

■確定申告書 第四表

　第四表は、「純損失の繰越控除」（52ページ）を適用しようとする場合に記入する書類です。その年に生じた損失を翌年に繰り越す場合や、前年から繰り越した損失でその年の所得から控除しきれない金額があり、その金額をさらに翌年へ繰り越す場合などに作成・提出します。

　また「雑損控除」（174ページ）で控除しきれない金額を繰り越す際にも使用します。

3日目

売上や経費を会計ソフトで入力・仕訳しよう

青色申告を目指すフリーランスであれば、会計ソフトを使うのが近道です。簿記の最低限のノウハウを押さえたうえで、売上や経費の登録さえきちんとすれば、青色申告に必要な書類を作成してくれます。売上が上がったとき、経費になるものを買ったときの会計ソフトの管理・処理のポイントを学びましょう。

3-01 65万円の控除には会計ソフトが必須です！

先生、会計ソフトって、やっぱり使わないとダメですか？ お金かかるし、難しそうだし…できれば使いたくないんですけど。

手書きでもできますが、あまりオススメしません。それじゃあ、会計ソフトを使うメリットを具体的に3つ紹介しますね。

■会計ソフトを使うメリット

　フリーランスの確定申告において、**会計ソフトは必須ツール**と言えます。確定申告や日々の集計作業の効率を上げて、事業に集中する時間を創出してくれるためです。
　次の3点が、会計ソフトを導入する具体的なメリットです。

- 確定申告に必要な書類を作る手間が減る
- 簿記の知識不足を補ってくれる
- 紙に印刷して提出および保管する必要がない

■確定申告に必要な書類を作る手間が減る

　会計ソフトは、入力内容を自動かつ正確に集計してくれるので、確定申告に必要な書類を**短時間で効率的に作成**ができます。
　記録だけなら手書きや表計算ソフトのほうが手軽で安価ですが、「正確に」集計して書類を作成するとなると、専用のシステムである会計ソフトに軍配が上がります。
　営業も総務も経理もぜんぶ自分でやらなきゃいけないフリーランスだか

らこそ、事務負担が軽減する道具を積極的に採り入れていくべきです。

確定申告で**65万円の青色申告特別控除の適用を受ける**ためには、多くの書類や帳簿が必要です。

下記は作成する書類の一例です。会計ソフトを利用すれば、これらの書類作成にかかる手間を大幅に削減できます。

> - 確定申告書
> - 損益計算書、貸借対照表、固定資産台帳等の付随提出書類
> - 総勘定元帳、仕訳日記帳、現金出納帳、売掛帳、買掛帳等の保管書類

■ 簿記の知識不足を補ってくれる

簿記や税務の知識が豊富でなくても、**簿記のルールに基づいた書類を作成**できます。これも会計ソフトを利用する大きなメリットのひとつです。

会計ソフトは簿記のルールに基づいて設計されているため、ユーザーの知識不足をある程度は補い、間違いを防いでくれます。

また最近の会計ソフトは、入力ガイダンスやヘルプページが充実しており、明らかな異常値があればエラーメッセージ等で知らせてくれます。

簿記会計の知識に不安がある方ほど、会計ソフトを使うべきでしょう。

■ 紙を印刷して提出・保管する必要がない

会計ソフトを使えば、**確定申告書類の印刷や郵送、保管の手間とコストを削減**できます。

申告書を税務署へオンラインで提出でき、**書類の保管も電子データで対応可能**なためです。

多岐にわたる確定申告書類・帳簿を紙で提出し、もしくは保管するには、相当の労力を要します。印刷や郵送、保管の手間やコストを削減するためにも、会計ソフトを利用しましょう。

ただし、すべての会計ソフトが電子申告・電子保存に対応しているわけではありません。必ず製品の概要を確認して、**電子申告（e-Tax）・電子帳簿保存対応のソフトを選びましょう**。

3-02 会計ソフトはどれを選んだらいい？

会計ソフトについて調べてみたんですけど、たくさん種類があるんですね。何を基準で選んだらいいんでしょうか？

会計ソフトは一度使い始めると切り替えるのが面倒なので、**最初の選定が肝心**です。選定ポイントがいくつかあるので、紹介しますね。

■会計ソフトはここをチェックして選ぶ

無料お試し期間があるか

会計ソフトは製品ごとに特徴が異なり、入力操作の方法や画面構成、帳票の見た目などはさまざまです。

無料お試し期間が用意されているものを選び、実際に触れて操作性や機能が自分に合っているか確認しましょう。

Macに対応しているか

フリーランスの方、特にデザインやシステム関連の業務に従事する方にはMacユーザーも多くいます。会計ソフトにはWindows専用のものもあるので、選定の際は必ず**対応OSを確認**してください。

初心者でも使いやすい設計になっているか

確定申告初心者の方には、負担感なく入力できることも重要です。無料お試し期間を活用して、**初心者でも使いやすい設計や機能が備わっているか**確認しておきましょう。

ヘルプ・サポートは充実しているか

　いくら初心者向けといっても、簿記や税の知識を「まったく」必要としない会計ソフトは存在しません。初心者であれば、**ヘルプページやサポートが充実している会計ソフト**を選びましょう。

多くのユーザーがいるか

　ユーザーが多いソフトほど書籍やインターネット上に豊富なヘルプ情報や使用事例があります。初心者の方ほど、**多くの人が使っているソフト**を選ぶことをおすすめします。

自動取込・自動登録機能はあるか

　会計ソフトには、**銀行口座の入出金明細やクレジットカードの利用明細、ECサイトの購買履歴などを自動で取得できるもの**があります。

　加えて、その内容をシステムが判別して登録方法を提案したり、自動で登録できたりするものまであります。事務処理を効率化するため、こうした自動機能があるものを積極的に選びましょう。

電子申告、電子帳簿保存に対応しているか

　紙に出力した申告書類を提出したり帳簿を保存したりするのは、手間とコストの面でおすすめしません。**申告書の作成から提出、書類の保存まで一貫して電子データで完結できる会計ソフト**を選びましょう。

■ どのソフトを選ぶ？ インストール型かクラウド型か？

インストール型

　PCに直接インストールして使用するタイプです。計算はPC本体で行われ、データもそのPCに保存されます（データの保存をクラウドストレージで行えるソフトもある）。

- インターネットの接続がなくても使用できる
- クラウド型よりも処理が早い
- 初期費用はかかるが、月額・年額料金なし

- 税制改正や仕様変更への対応には年度版の購入が必要
- 対応するOSがWindowsのみのソフトが多い

　青色申告対応のインストール型会計ソフトでは「**やよいの青色申告＋ク　ラウド**」が圧倒的なシェアを誇ります。

　ただし、これはWindows専用です。Mac対応のインストール型には「やるぞ！青色申告」があります。

クラウド型

　ウェブブラウザを介してクラウドサーバー上のソフトウェアにアクセスして使用するタイプです。

　計算処理とデータの保存はサーバーで行われます。料金は月額や年額のサブスクリプションモデルが一般的です。

- 税制改正に対応するアップデートを毎年自動更新
- 毎月、毎年のサブスクリプション費用がかかる
- どのOSでも使用可能
- インストール型に比べ処理速度は劣る傾向にある
- ネット接続が必須。サーバートラブルのリスクあり

　青色申告に対応するクラウド型ソフトの特徴です。

	freee会計	やよいの青色申告オンライン	マネーフォワード クラウド確定申告
料金（税込み）	スターター 1,628円/月・12,936円/年 スタンダード 2,948円/月・26,136円/年 プレミアム 43,780円/年	セルフプラン 9,680円/年 ベーシックプラン 15,180円/年 トータルプラン 26,400円/年	パーソナルミニ 1,408円/月・11,880円/年 パーソナル 1,848円/月・16,896円/年 パーソナルプラス 39,336円/年
特徴	簿記初心者向けの独自の入力方式	最も安価だが、機能は限定的	インストール型に近い使用感
無料試用期間	30日	セルフプラン：1年 ベーシックプラン：2ヶ月	30日
自動仕訳	○	○	○
請求書作成	○	なし（外部サービス連携）	○
電子申告	PCスマホ共に対応	PCのみ	スマホのみ
電子帳簿法対応	○	○	○
MacOS対応	○	○	○
スマホアプリ	業務全般に広く対応	簡易的な帳簿付けに特化	帳簿付けから電子申告まで対応
サポート	全プランにチャットサポートあり 最上位プランには独自の補償制度あり	電話サポート付きプランが安価 最上位プランは業務相談に対応	最上位プランは電話サポートあり

Column　Macユーザーの会計ソフトの制約

デザイナーやライターなど、クリエイティブな業務に従事するフリーランスの多くがMacを使用しています。

しかし、確定申告に関しては、Macユーザー特有の制限が存在します。本コラムでは、Macユーザーが知っておくべき制限事項とその対策について詳しく解説します。

インストール（デスクトップ）型ソフトはほぼWindows対応のみ

確定申告を行うためのソフトには、PCにインストールして利用するデスクトップ型のものと、ブラウザ上で動作するクラウド型のものがあります。

まずはデスクトップ型ソフトとMacとの相性について触れておきます。「やよいの青色申告（デスクトップ版）」をはじめとした多くの会計ソフトはWindows専用であり、macOS上で動作させることはできません。

国税庁公式のソフト「e-Taxソフト」も同様です。どうしてもデスクトップ型ソフトを使いたければ、BootCampを利用してWindowsをデュアルブートでインストールするか、Parallels Desktopなどの仮想マシンアプリを利用する必要があります。

私も税理士事務所を独立開業した当初は、Macのデザイン性や性能、Apple製品間の連携に惹かれてMacBookをメインマシンにしていました。仮想環境を利用してWindows専用の税理士向けソフトを使っていましたが、使い勝手に難があり、最終的にはMacの利用をやめてしまった経緯があります。

そんな私自身の経験もあり、Macを利用するのであれば、デスクトップ型の会計ソフトの利用はおすすめしません。

Macユーザーはクラウド型を選ぼう！

一方、freee会計やマネーフォワードクラウド確定申告、やよいの青色申告オンラインといったクラウド型会計ソフトは、ブラウザ上で動作するため、Macユーザーでも問題なく利用できます。

ただし、e-Taxを利用して確定申告書を送信する際に必要なマイナンバーカードの読み取りアプリが現時点でMacに対応していません。

しかし、だからといってWindows機が必要というわけではないので安心してください。iPhoneやAndroidのマイナンバーカード読み取り機能を利用して電子申告できるためです。

この点は、ブラウザ上で確定申告書の作成と提出が可能な国税庁公式サイト「確定申告書等作成コーナー」でも同様です。

以上の理由により、Mac環境においてはクラウド型会計ソフトを選択することを強くおすすめします。

3-03 freee会計のアカウントを作成しよう

教えてもらった会計ソフトの中で、まずは**freee会計**を試してみようかなと思うんです。

承知しました！そしたらさっそくfreeeのアカウントを作成してみましょう。

■ アカウントを作成する

アカウントとは、インターネット上のサービス等（ここではfreee会計）のために必要な個人認証情報と利用権限のことです。

アカウントを作成することによって、freee会計の利用を開始できます。

Step 1 freeeのトップページにある［無料ではじめる］をクリックします

78

freee会計のアカウントを作成しよう　3-03

Step2 freeeのアカウント作成を開始する画面に遷移します。2つある作成方法のうち、いずれかを選択しましょう。

1.GooleやApple、Microsofなど作成済みのアカウントを利用する場合は、該当するサービスを選びます。

2.新たにメールアドレスとパスワードを設定する場合は、[メールアドレスで作成]にメールアドレスを入力し[確認メールを送信する]をクリックします。

ここではメールアドレスを入力する方法で進めていきます。

Step3 入力したアドレス宛に届いた確認コードを入力して[次へ進む]をクリックします

Step4 登録するパスワードと確認のパスワードを入力して[freeeに登録]をクリックします

Step5 アカウントを作成すると、アンケートへの回答を求められ、回答を終えると、無料お試しプランの利用が開始されます

freee会計の導入・初期設定と取引入力画面

アカウントを無事作成できましたが、次に何をすればよいでしょう？

アカウントを作成したらfreee会計の初期設定や銀行口座の登録などをしてみましょう！

■事業所の設定をしてみよう

あなたが営む事業についての基本情報を登録します。

Step 1 メニューバーの[設定]＞[事業所の設定]から、設定画面を開きます。
設定画面は3つのタブに分かれています。このうちの[基本情報設定]を入力しましょう。登録した内容は、青色申告決算書や確定申告書などに連携されます

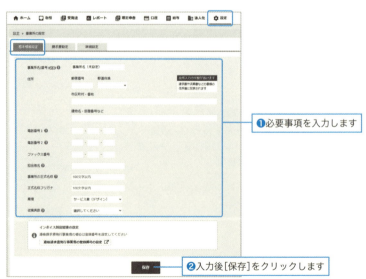

❶必要事項を入力します
❷入力後[保存]をクリックします

■ 銀行口座を登録しよう

「口座」というと一般的には銀行口座や証券口座のことを指しますが、freee会計ではクレジットカード、電子マネー、現金なども「口座」と呼びます。これらのうち、事業で使用するものを登録します。

Step 1 メニューバーから［口座］＞［口座の一覧・登録］をクリックします。［銀行口座］［クレジットカード］［決済サービス・電子マネー］［現金・その他］の各タブから登録したいものを選んで［○○を登録する］をクリックします

Step 2 freee会計へ連携できるサービスの一覧が表示されます。金融機関名で検索するか50音順の中からお目当てのものを探し、選択してください

Step 3 ［連携設定を行う］ボタンをクリックすると、外部連携サービスのWebサイトへ移動します。
移動先で認証手続きを行うと、入出金明細などのデータがfreee会計へ自動取り込みできるようになります

3-05 やよいの青色申告オンラインの導入・初期設定

やよいの青色申告オンラインも試しに使ってみようと思います！ 最初に行うことについて教えてください！

承知しました！ まずはユーザー登録と初期設定を済ませてみましょう。

■やよいの青色申告をインストールして起動する

　やよいの青色申告オンラインは、キャンペーン適用によりセルフプランもしくはベーシックプランを**初年度無償で利用**できます。
　まず最初に弥生IDを新たに登録します。
　メールアドレス、パスワードなどの必要事項を入力し登録すると、登録したメールアドレスにURLが記載されたメールが届きます。
　このURLをクリックして、やよいの青色申告オンラインの利用申込みに進みましょう。
　メールアドレス、パスワードを入力してログインすると、契約申込-プラン選択画面が表示されます。
　ここでは一年間無料の「セルフ」プランを選択しましょう。

連携サービスとしてクラウド請求管理「MISOCA」を無料で最大2か月試用することができるので、試したい場合にはチェックして申し込みましょう。

■ 事業者情報登録を行い利用開始しよう

Step 1 「サービス利用情報登録」の画面で姓名、会社情報を入力し[登録する]をクリックします

Step 2 次に支払方法の登録画面になるので、クレジットカードの情報を入力します。口座振替でも支払うことができます

Step 3 申込の確認画面が表示され、内容を確認したら一番下の[申込を確定する]をクリックします。
契約が完了し注文番号が表示されます。[サービスを開始する]をクリックすると、「弥生マイポータル」画面がウェブブラウザに表示されます

Step 4 「お使いの製品」に「やよいの青色申告オンライン」が表示されているので、右の[製品を起動する]をクリックすると、簡単な質問が表示されるので選択し[次へ]をクリックします

Step 5 事業の種類を選択します。ここでは「一般」を選択して[次へ]をクリックします

Step 6 事業用の現金とプライベートの現金の使い分けを選択します。
ここでは「区別している」を選択し、[次へ]をクリックします

Step 7 [利用開始]をクリックすると「やよいの青色申告オンライン」のホーム画面がウェブブラウザに表示されます

■やよいの青色申告オンライン版の設定

やよいの青色申告オンライン版の特徴

　デスクトップ版では帳簿入力、仕訳帳入力、伝票入力などの入力方式が用意されていますが、オンライン版では［かんたん取引入力］「仕訳の入力」の2つに帳簿付けが限定され、より初心者が使いやすいように設計されています。

　デスクトップ版、オンライン版ともに、預金口座等の明細を取り込み、自動で仕訳を提案する「スマート取引取込」機能があります。

　オンライン版では、スマホアプリ「弥生申告」を使って、手軽に取引入力が可能です。

■事業内容、申告方法、消費税の設定

　オンライン版では、「設定」の「全体の設定」で、事業内容、申告方法、消費税の順に最初の設定を行います。

　さらに、銀行口座やクレジットカードを登録しておきます。こちらは個人用と事業用を分けて、事業用のものを登録するようにしてください。

　後からでも入力できるので後回しにしてもかまいません。

　固定資産の登録では、減価償却を行う資産を登録します（136ページ参照）。

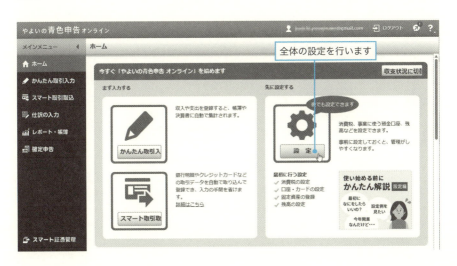

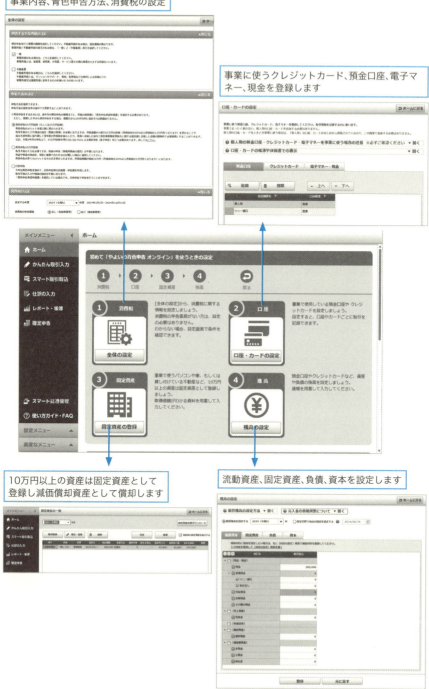

会計ソフトへの入力と帳簿の流れ　3-06

会計ソフトへの入力と帳簿の流れ

 先輩は「会計ソフトなんて年に1回まとめて入力すればよい」って言ってました。年1ならそんなに大変じゃないですね！

それはダメですよ。日常的に入力しないと、あとで大変な思いをすることになりますよ！

■ 会計ソフトへの入力は仕訳と同じ

仕訳とは、**事業者が行った取引を勘定科目という分類名を使って帳簿に記録すること**です。

例えば、車を現金100万円で買った場合、100万円分の現金が減り、100万円の車という資産が増えたことになります。

こういった**資産や負債の増減要因となる事実を取引**といいます。

「A社との新製品受注の取引はうまくいきそうだ」などの文脈で使う「取引」とは異なります。

仕訳は、青色申告する際に必要な「**青色申告決算書**」を作る元のデータとなります。

会計ソフトを使わない場合、紙や表計算ソフトの帳簿に取引を記録し集計する必要があります。これには多大な労力を要し、計算ミスのリスクも高くなります。

また、取引を適切な勘定科目に分類するには、簿記の知識が必要です。

勘定科目とは

勘定科目とは、会社やフリーランスの方が行なった**取引の内容をわかりやすく表示するための分類名**です。

87

例えば、商品やサービスの提供によりお金を得たときの勘定科目は「**売上高**」、移動のために電車賃を支払った際の勘定科目は「**旅費交通費**」、情報収集のために書籍を購入したときの勘定科目は「**新聞図書費**」のように分類されます。

　一般に、企業の仕訳は、確定申告書作成だけでなく自社や利害関係者（株主など）が財務状況を把握するための財務諸表（決算書）作成にも不可欠です。

■会計ソフトへの入力を効率化するには

　税理士として多くの事例を見てきた経験上、会計ソフトの入力に苦労している方は、典型的に次のケースのいずれかに当てはまります。

- 1年分をまとめて入力している
- プライベートの入出金と仕事の入出金の整理ができていない
- 入出金の記録をすべて目視・手入力している

　会計ソフトの入力を楽にするためには、これらと逆のことすれば良いのです。

こまめに入力する

　1年分をまとめて入力しようとすると、その量の多さに心がくじけてしまいます。それに、遠い過去のレシートや入出金の記録を見ても、その詳しい内容は忘れているでしょう。

　会計ソフトはなるべくこまめに入力することを心がけましょう。特に、「**毎朝、前日分をやる**」とか「**毎月初に前月分をやる**」とか、ルーティン化することをおすすめします。

預金・カードはプライベートと事業用を完全に分ける

　プライベート用と事業用のお金の動きが混在していると、会計ソフトへの入力が不正確になりがちです。

　仕事とプライベートで同じ銀行口座やクレジットカードを使用していると、事業上の取引を区別することが困難になるためです。

売上にしなくていいものを売上として申告したり、経費にしてはいけないものを経費として申告したりするリスクが増えます。

また事業分の入出金だけをつまんで入力すると、通帳に記載されている実残高と会計ソフト上の残高が食い違ってしまいます。

残高を合わせるために、本来であれば確定申告を行うにあたって必要のない、プライベート分の入出金まで入力するハメになるのです。

こうした問題を避けるため、**銀行口座とクレジットカードは事業専用のものを使い**、プライベートの入出金を混ぜないようにしましょう。

銀行口座、クレカ明細を会計ソフトに連携させる

目視・手入力で会計ソフトへの登録を行うと、手間がかかるうえに誤入力も起きやすくなります。

そこで、**銀行口座とクレジットカードは会計ソフトへ連携**しましょう。

連携によって会計ソフトへ明細が自動で取り込まれるので、**日付と金額、取引内容を正確にかつリアルタイムに反映**できるようになります。

また会計ソフトによっては、取り込まれた明細に対する処理方法を学習して、自動で登録する機能もあります。

こうした機能を利用して、入力の効率と正確性を向上させましょう。

なるべく現金を使わない

預金やクレカとは異なり、現金の動きはデジタルデータで残りません。そのため会計ソフトへの連携機能が利用できず、手入力が避けられないのです。

また領収書やレシートを紛失した場合、入出金の記録自体がなくなってしまいます。

かたや、**銀行口座を介した取引なら通帳に履歴**が残りますし、**クレジットカードでの支払いなら利用明細で記録を確認**できます。

これらを**会計ソフトと連携**し、自動入力することも可能です。

手入力が増えると、それに比例して手間と間違いが増えます。

効率化のため、現金による支払いや現金売上はなるべく控え、銀行振込やクレジットカード決済を利用しましょう。

3-07 消費税の設定は「税込」「税抜」のどっちに統一？

消費税の処理には税込と税抜の処理がありますが、どちらを選んだらいいですか？

どちらでも良いのですが、フリーランスにおすすめなのは「税込経理」ですよ。

■ 消費税の記帳方法は「税込経理」と「税抜経理」

事業者は、自身の事業について消費税を計算し、税務署に納付する義務があります（詳しくは7日目「消費税とインボイスについて学ぼう」）。

ただし、以下のいずれにも**該当しない**場合には「**免税事業者**」とされ、原則として消費税の納付義務が免除されます。

- 2年前の年間売上金額が1,000万円を超えている
- 1年前の1月から6月までの売上合計および給与支給額が1,000万円を超えている
- 適格請求書発行事業者として登録されている（235ページ）

フリーランスも事業者として、顧客から消費税相当額を預かるほか、経費の支払時には消費税相当額を支払っています。

その消費税の受け取りもしくは支払い額を記帳する方法には「**税込経理**」と「**税抜経理**」の2種類があります。

税込経理

消費税を含めた総額で記帳する方法です。
計算例
売上代金110,000円（消費税込み）を記帳する場合
「売上高」として110,000円を記入する

> 税抜経理

本体部分と消費税部分を分けて記帳する方法です。
計算例
売上代金110,000円（消費税込み）を記帳する場合
「売上高」として100,000円を、「仮受消費税」として10,000円を記入する

免税事業者の場合には、所得税法上は**税込経理が強制**されます。
課税事業者の場合は、**どちらか一方を任意で選択**します。
　会計ソフトの設定画面で切り替えが可能ですが、初期設定は税込経理になっていることが多いようです。

● freee会計の消費税の設定　　　　● やよいの青色申告オンラインの設定

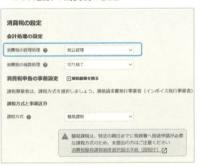

「なし(免税事業者)」を選択すると「税込経理」になる

■ どちらを選んでも大差なし、税込経理がオススメ

　税抜経理は一見すると本体価格と消費税を分けて記入するため面倒に思えますが、会計ソフトを利用する場合、**税込経理と税抜経理のどちらを選択しても記帳の手間にはほとんど違いがありません**。
　本体部分と消費税部分を分ける作業は、会計ソフトが自動でやってくれるためです。
　ユーザーはどちらの方法を選ぶにしても、原則として消費税を含んだ総額を入力することになります。
　ではどちらの方法を採用すべきかですが、**フリーランスの方が自身で会計入力を行うのであれば、税込経理がオススメ**です。
　税抜経理と比較してシンプルでわかりやすいためです。
　節税の観点で考えると税抜経理のほうがわずかに有利なのですが、一般的な事業規模のフリーランスであれば、そこまで影響は大きくありません。

3-08 仕訳を覚えよう！

会計ソフトがやってくれるといっても、仕訳の知識ぐらいは知っておきたいです！

なかなかいい心構えですね。では一緒に覚えていきましょう！

■ 仕訳のルール ── 借方と貸方

個々の取引を帳簿に記入する仕訳のルールは、

- 資産（現金）が増えたら左の**借方**に
- 資産（現金）が減ったら右の**貸方**に

というように、仕訳帳にそれぞれ、日付、勘定科目、金額、摘要（具体的内容）を記入します。

例えば、請求書を送るための封筒を、4月15日に、150円で、現金支払によって購入したとします。この場合、借方に「消耗品費　150」、貸方に「現金　150」と記帳します。

日付	借方	金額	貸方	金額	摘要
4/15	消耗品費	150	現金	150	封筒

（借方は「増えた」、貸方は「減った」）

この仕訳を見ると、消耗品費という経費が150円分増え、現金という資産が150円減ったことがわかります。

このように**複式簿記**では、**借方と貸方**という考え方を使い、事業の取引で**資産、負債、純資産（自己資本）、費用、収益**のいずれかが増減した場合

に、勘定科目を用いて仕訳を記録します。

■ 勘定科目とは？

　勘定科目とは、企業の財務状況を表す基本要素である**資産、負債、純資産（自己資本）、費用、収益をさらに細かく分類したもの**です。

　すなわち個々の勘定科目は、必ず資産、負債、純資産（自己資本）、費用、収益の5つの要素に属すことになります。

	借方（左）	貸方（右）	主な勘定科目
資産	増加 ↗	減少 ↘	現預金／普通預金／売掛金／有価証券／貸付金／立替金／建物／土地／車両運搬具／工具器具備品／消耗品／貸倒引当金／事業主貸
負債	減少 ↘	増加 ↗	支払手形／買掛金／前受金／預り金／借入金／事業主借
純資産 （自己資本）	減少 ↘	増加 ↗	元入金／事業主貸／事業主借
費用	増加 ↗	減少 ↘	仕入／福利厚生費／消耗品費／事務用品費／旅費交通費／保険料／広告宣伝費／租税公課／通信費／水道光熱費／会議費／交際費／外注費／車両費／リース料
収益	減少 ↘	増加 ↗	売上／雑収入

■ よく使う仕訳のパターン

1. 現金取引

● 売上代金11,000円を現金で受け取って事業用の財布に入れた

借方	金額	貸方	金額
現金	11,000円（資産の増加）	売上高	11,000円（収益の発生）

● 文房具の代金550円を事業用の財布から現金で支払った

借方	金額	貸方	金額
消耗品費	550円（費用の発生）	現金	550円（資産の減少）

2. 銀行取引

● 事業とは関係のないお金が事業用の普通預金口座へ振り込まれた

借方	金額	貸方	金額
普通預金	110,000円（資産の増加）	事業主借	110,000円（負債の増加）

● 事業用の普通預金口座から現金を引き出してプライベートの財布へ入れた

借方	金額	貸方	金額
事業主貸	55,000円（資産の減少）	普通預金	55,000円（資産の減少）

3. 売上と売掛金

● 納品が完了し、売上代金110,000円を後日受け取ることとした

借方	金額	貸方	金額
売掛金	110,000円（資産の増加）	売上	110,000円（収益の発生）

● 上記の代金が事業用の普通預金口座へ振り込まれた

借方	金額	貸方	金額
普通預金	110,000円（資産の増加）	売掛金	110,000円（資産の減少）

4. 仕入と買掛金

● 材料が納品され、仕入代金55,000円を後日支払うこととなった

借方	金額	貸方	金額
仕入	55,000円（費用の発生）	買掛金	55,000円（負債の増加）

● 上記の代金を事業用の普通預金口座から振り込んだ

借方	金額	貸方	金額
買掛金	55,000円（負債の減少）	普通預金	55,000円（資産の減少）

3-09 売上はどうやって登録する？

先生、私の売上代金って、たいてい納品して数日経ってから銀行振込で受け取るんです。
こういう場合って、振り込まれたときに会計ソフトへ入力すればいいんですよね？

フリーランスの売上は「**売掛取引**」といって、**納品と代金受取りが別日になる**ことが多いんです。
そういう場合は、**入力を2回に分ける**必要がありますね。

■ 記録のタイミング

フリーランスの売上は、制作物の納品やサービスの提供を行い、しばらく経ってから銀行口座へ振り込まれることが多いかと思います。

そうした取引は、まとめて後払いで精算する**掛取引**となるので、「**納品・サービス提供を完了し、代金受領の権利を得たタイミング**」（発生時）と「**代金を受け取ったタイミング**」の2度に分けて会計ソフトへ入力しましょう。

これは**権利確定主義**と呼ばれ、**青色申告の65万円控除を受ける要件**の1つとなっています。

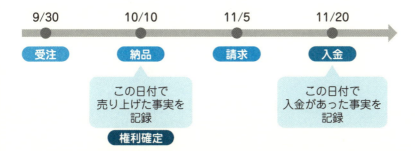

お金が払われた日、お金を支払った日の日付で、入出金の金額を売上や経費として帳簿付けする方法のことは「**現金主義**」と呼びます。

現金主義は簡単ですが、前々年の年商が300万円以下でないと適用されないうえに青色申告特別控除が**10万円に減額**されてしまうのです。

65万円控除を受けるためには、**売上**は納品やサービス提供が完了した時点で記録する**権利確定主義**によって、**取引時（売掛金計上）と入金時（売掛金回収）の両方で記帳する**必要があります。

- 権利確定主義　代金受領の権利が確定した時点で計上する（収入）
- 債務確定主義　代金支払の義務が確定した時点で計上する（費用）
- 【特例】現金主義　現金のやりとりが行われた時点で計上する

■ freee会計を使って売上を登録する

納品した日と代金が支払われる日が異なる場合は**売掛取引**になります。その場合、売り上げた日付、支払われた日付の2回に分けて取引の仕訳を会計ソフトに入力する必要があります。

事例1
- 10月10日に顧客へ納品した（売り上げた）
- 売上代金は165,000円（消費税込みの総額）
- 代金は11月末日までに振り込まれる予定
- 11月20日に代金が振り込まれた（入金）

❶ 売上日の取引を入力

Step 1 ［取引］メニューから［取引の一覧・登録］を選択します

Step 2 必要な項目を入力します。「決済」で「未決済」を選択すると、自動的に売掛金として処理されます。［収入を登録］をクリックして、登録を完了します。下の「仕訳形式プレビュー」には借方、貸方のプレビューが表示されます

売上はどうやって登録する？　3-09

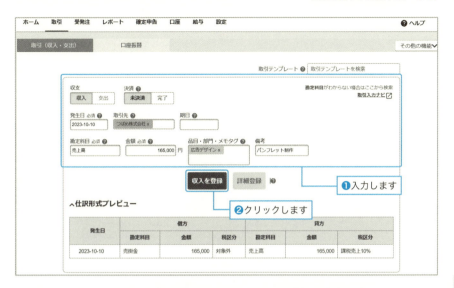

入力項目	入力内容
収支	お金が増える取引なので「収入」を選択
決済	入金されていないので「未決済」を選択
発生日	納品日・サービス提供日の10月10日を選択
取引先（任意）	候補から顧客名を選択（候補になければ新規作成）
期日（任意）	入金予定日を選択
勘定科目	「売上高」を選択（113ページ参照）
金額	報酬金額（消費税込み）165,000円を入力
品目・部門・メモタグ（任意）	入力したい情報があれば候補から選択 （候補になければ新規作成）
備考（任意）	補足として入力したい情報があれば入力

❷ 入金日の取引を自動で入力

　freee会計では、売掛代金が入金された銀行口座から明細を取得することによって、**入金登録**（未入金の消込み）ができます。

Step 1　[取引]メニューから[自動で経理]を選択します

Step 2　自動推測された内容に問題がなければ[登録]をクリックします
取得した入金明細と金額の近い取引が登録済みの場合、その消込をfreee会計が自動で推測します。

❸ 振込手数料、源泉所得税が差し引かれている場合

　登録した売上金額と実際の入金額が異なる場合は、**差額部分について追加入力**する必要があります。

　例として、**振込手数料と源泉所得税**が差し引かれて入金された場合の入力方法を紹介します。

> **Step 1** 振込手数料、源泉所得税が差し引かれている場合は差額を調整します。[詳細]ボタンをクリックします

> **Step 2** [未決済取引の消込]タブをクリックします

> **Step 3** 入金対象の取引データにチェックを入れ、右上のアラート表示を確認し[差額を調整]ボタンをクリックします

❶入金対象の取引データにチェックを入れます
❷[差額を調整]ボタンをクリックします

売上はどうやって登録する？　3-09

Step 4 ［差額の調整］欄に、差し引かれた金額を入力します

入力項目	入力内容
勘定科目	振込手数料：［支払手数料］を選択 源泉所得税：［事業主貸］を選択
金額	差し引かれた金額を入力する
品目（任意）	それぞれ入力候補から選択する（候補になければ新規登録）
備考（任意）	補足として入力したい情報があれば入力

Step 5 右上のアラートが「金額が一致しています」になっていることを確認して［登録］ボタンをクリックします

99

■ やよいの青色申告を使って売上を登録してみよう

次の事例をやよいの青色申告オンラインで売上を登録してみます。

事例1
- 10月10日に顧客へ納品した（売り上げた）
- 売上代金は165,000円（消費税込みの総額）
- 代金は11月末日までに振り込まれる予定
- 11月20日に代金が振り込まれた（入金）

❶ 売上日の取引を［かんたん取引入力］で入力

Step 1 メインメニューの［かんたん取引入力］を選択します

Step 2 次のように、「取引手段の絞り込み」で「売掛・未収」を選択します。［収入］タブで、取引日、取引手段、相手勘定、摘要、金額を入力し［登録］をクリックします

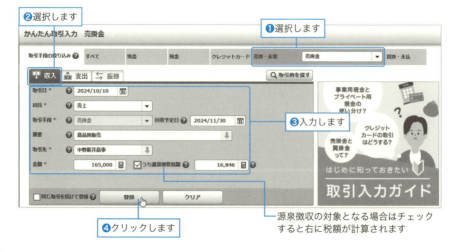

源泉徴収の対象となる場合はチェックすると右に税額が計算されます

売上はどうやって登録する？　3-09

❷ 代金を回収した取引を［かんたん取引入力］で入力

Step 1　メインメニューの［かんたん取引入力］をクリックします。

Step 2　［振替］タブで、次のように、取引日、振替元、振替先、摘要、金額を入力し［登録］をクリックします。
銀行の振込手数料の負担を相手か自分かを選択します。
「取引の一覧」には売掛金回収の取引が登録されます

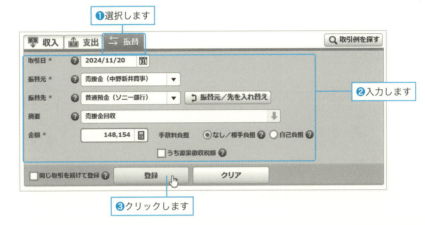

3-10 請求書はどうやって書けばいいの？

先日、初めの仕事を納品しました。請求書をつくってクライアントに渡すんです。気をつけなきゃいけないポイントってありますか？

請求書は収入に直結する書類ですから、内容には細心の注意が必要ですね。まずは、**クライアントの要望を確認する**ことが大事ですよ。

■書く前に、相手先に確認しておこう

商品を納入したら**売掛金を会計ソフトに入力**します（前節）。

同時に、納入の相手先に売掛金を請求するために**請求書を作成**します。

請求書を作成する前に、支払い期日や書式等、相手の要望を確認しておきましょう。

支払期日

企業によって、**請求書の受付締め日と支払日が定められている**ことがあります。

発注書や契約書を確認する、口頭やメールで伺うなどして、相手先企業との取引条件において締め日や支払日に決まりがある場合には、請求書の内容に反映させましょう。

請求書の様式

請求書の様式を指定されるケースや、「検収書」や「計算書」などの形で取引先が請求金額を計算し、こちらが後追いでそれを承認したりするケースもあります。相手先指定の方式がないか確認しましょう。

送付方法

郵送する、メールに添付する、チャットで送信するなど、さまざまなケースが考えられます。送付方法・送付先の要望を確認しましょう。

■ 請求書に記載しておく事項

請求書の記載事項には、法律上の統一的なルールがあるわけではありませんが、一般的には次のような事項を記載します。

❶ 請求書を受け取る相手先事業者の氏名または名称
❷ 請求書を作成する自身の氏名または名称
❸ 取引年月日（「○月分」など、まとめ記載も可）
❹ 取引内容
❺ 取引金額
❻ 請求日
❼ 請求書番号
❽ 振込先の口座情報
❾ 支払期日
❿ 振込手数料を負担していただく旨
⓫ 源泉徴収額（源泉徴収の対象となる報酬の場合）

なお後述する「**インボイス制度**」に対応するためには、さらに登録番号など記載すべき内容が増えます。詳しくは「インボイス制度って何？（235ページ）」をご覧ください。

■ 会計ソフトの請求書発行システム

請求書はExcelなどの表計算ソフトで自作するより、**請求書作成ソフトの利用をおすすめ**します。下記のようなメリットがあるためです。

● 発行済み請求書の管理が簡単
● 四則演算の誤りが起きづらい
● 過去に発行した請求書の複製が簡単

- 一般に求められる記載事項が初めから設計されている
- 請求書のメール送信機能や郵送代行サービスが用意されているものもある

　freee会計には請求書作成機能が付帯しています。請求書を発行と連動して売上の仕訳を登録することもでき、とても便利です。

　やよいの青色申告で請求書を発行するには、Misocaというクラウド請求管理ソフトを使います。やよいの青色申告とデータ連携でき、月間10通までなら無料で請求書を作成することができます。

● **freeeの請求書の例**（数字は前ページの記載事項）

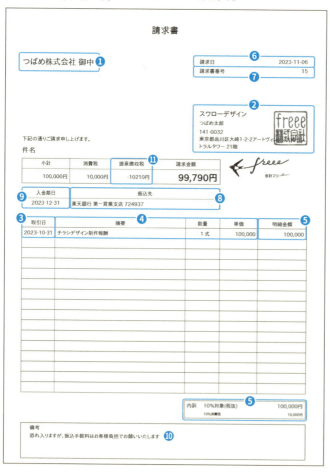

3-11 経費の支払いを登録しよう

経費の支払いはどのように登録すればよいのでしょうか？

商品の販売やサービスの提供と同時に支払う場合は1回で、**後払いする場合には2回に分けて入力**するのが基本です。

■ 即時払い、後払いのそれぞれの入力方法

物品やサービスを購入した場合、次の2つのケースでそれぞれ入力方法が変わります。

- 取引と同時に支払う
- 取引を行った後日に支払う（買掛取引）

経費には、**取引と同時に支払う**ものが多くあります。例えば、店頭での物品の現金購入などです。こちらは**1度の入力**で済みます。
一方の**買掛取引**は、売掛取引と同様に取引時（買掛金計上）と決済時（買掛金決済）の**2回に分けて入力**します。
65万円の青色申告特別控除を適用するためには、債務確定主義にしたがって**複式簿記による仕訳登録を行う**必要があります。

事例2
- 11月9日に事務用品を5,500円（消費税込み）で購入した

❶ 取引と同時に支払った場合（freee会計）

> **Step 1** ［取引］メニューから［取引の一覧・登録］を選択します

> **Step 2** 必要な項目を入力し、［支出を登録］をクリックして、登録を完了します

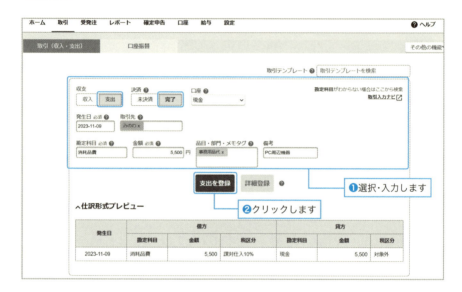

入力項目	入力内容
収支	「支出」を選択
決済	「完了」を選択
口座	支払原資を選択。個人の財布から支払った場合には「プライベート資金」を選択
発生日	購入日（＝支払日）を選択
勘定科目	プルダウンメニューから選択、もしくは勘定科目名を検索して選択（ここでは消耗品費）
金額	支払金額（消費税込み）5,500円を入力
取引先・品目・部門・メモタグ（任意）	入力したい情報があれば候補から選択（候補になければ新規作成）
備考（任意）	補足として入力したい情報があれば入力

❷ 取引を行った後日に支払う場合（freee会計）

- **取引時点での入力**

> **Step 1** ［取引］メニューから［取引の一覧・登録］を選択します

Step 2 必要な項目を入力し、[支出を登録]をクリックして、登録を完了します

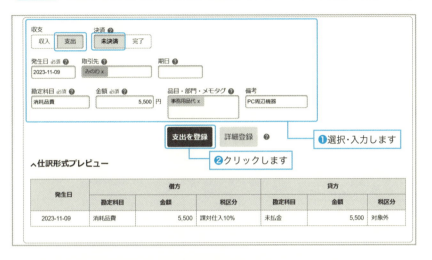

入力項目	入力内容
収支	「支出」を選択
決済	「未決済」を選択
発生日	納品日を選択
取引先（任意）	候補から顧客名を選択（候補になければ新規作成）
期日（任意）	支払予定日を選択
勘定科目	使途を表す科目（消耗品費）を選択
金額	報酬金額（消費税込み）5,500円を入力
品目・部門・メモタグ（任意）	入力したい情報があれば候補から選択（候補になければ新規作成）
備考（任意）	補足として入力したい情報があれば入力

● 支払日の入力

　freee会計では、オンラインバンキングから明細を取得することによって、カンタンに入金登録（未入金の消し込み）ができます。

Step 1 [取引]メニューから[自動で経理]を選択します
Step 2 自動推測された内容に問題がなければ[登録]をクリックします
　取得した出金明細と金額が近い取引が登録済の場合、その消込をfreee会計が自動で推測します。

❶ 取引と同時に支払った場合（やよいの青色申告オンライン）

Step 1 メインメニューの[かんたん取引入力]をクリックします

Step 2 「取引手段の絞り込み」で「現金」を選択します。
[支出]タブで、次のように、取引日、取引手段、相手勘定、摘要、金額を入力し[登録]をクリックします

❷ 取引を行った後日に支払う場合

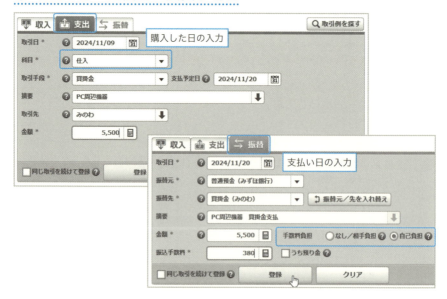

経費の支払いを登録しよう　**3-11**

Column　オンラインバンキングの利用

オンラインバンキングとは、インターネットを通じて銀行のサービスを利用できるシステムのことです。PCやスマホから入出金や残高の照会、振込などの各種取引が可能です。利用することで次のようなメリットを得られます。

メリット1：時間節約になる

せっかく時間と場所に縛られないフリーランスという働き方をしているのに、銀行の営業時間やATMの利用可能時間に制約されるのはもったいないことこの上なしです。オンラインバンキングなら、24時間365日、インターネット環境さえあればどこからでも利用できます。急な振り込みや出先での残高確認にも便利です。

メリット2：記帳が楽になる

一部の会計ソフトでは、オンラインバンキングから自動的に入出金データを連携させ、日付や金額などのデータを自動で入力することができます。目視手入力での手間が大幅に削減され、時間を有効に使えます。

また、ミスも減らせるため、正確な帳簿管理が可能です。かつて筆者が税理士業界に入りたての頃は、通帳とにらめっこしながら日付や金額を手入力していました。そのため時間がかかる上にヒューマンエラーも少なくありませんでした。それにひきかえ、今は良い時代になったものです。

メリット3：各種手数料が安い

オンラインバンキングでは、振込手数料などがATMや窓口よりも安いことが多いです。便利なうえに安いとは、なんと至れり尽くせりなことでしょうか。ただし、一括振込や給与振込、権限管理などのオプションを利用する場合には、追加費用がかかることがあります。

口座振替の可否に注意

そんな便利なオンラインバンキングですが、注意点もあります。特にインターネット専業（実店舗を持たない）銀行に多いのですが、公共料金や社会保険料、税金、クレジットカード利用料の口座振替を行う口座として指定できないケースがあるためです。

たとえば筆者も事業用に使っているPayPay銀行では、国税と国保の自動引き落としができません。また同じく事業用のクレジットカード（VIEWカード）の引き落とし口座にも指定できません（それでもPayPay銀行を使っているのは、デメリットを補って余りある利便性を感じているからです）。

必ず、ご自身が利用予定の口座振替に対応しているか確認しておきましょう。

109

3-12 どの勘定科目を使って仕訳すればいい？

会計ソフトへ入力するときに「勘定科目」を選ばないといけないですよね。間違った科目を選んだらどうなっちゃうんですか？

そうですね、間違い方次第では税額が誤って計算されてしまう可能性はあります。
でも、ポイントを押さえれば大丈夫です！

■違うグループの科目を選ばなければアバウトでOK

すべての取引を帳簿に記入する仕訳では、**「何に使ったのか」「なぜ入金があったのか」を表す見出しとなる勘定科目に分けて記入**します。

どの勘定科目を使うかは、法律や通達等で決まっているわけではありません。会計ソフトによって名称が違うものだってあります。「車両費」と「車両関係費」、「交際費」と「接待交際費」などなど。ですので、さほど神経質になる必要はありません。

例えば、ガソリン代の支払いを「車両費」としても「燃料費」や「消耗品費」としても、結局**「経費」というカテゴリーの科目**であることには違いないからです。呼び名が違うだけで、税金を計算するにあたっての性質は変わりありません。

問題となるのは、**本来とは別のカテゴリーに属する科目を選んでしまうケース**です。

ガソリン代を、車両本体の購入時に使う「車両運搬具」という科目で登録してしまうのがその最たる例です。

確定申告初心者の皆さんは、まずは「カテゴリー間違いを起こさない」ということを最優先に考えてください。

同じカテゴリー内での科目誤りを、過度に気にする必要はありません。

■ カテゴリーは5つある

勘定科目のカテゴリーは、大きく分けて5つあります。

1. **収　益**　事業を行うことで獲得した収入のこと
2. **費　用**　収益を獲得するために要した支出のこと
3. **資　産**　事業を行うために保有している財産（プラスの財産）のこと
4. **負　債**　事業を行う上で生じた支払い義務や返済義務（マイナスの財産）のこと
5. **資　本**　事業を行うにあたって事業主が負担した元手のこと

これらのうち、よく使われるものを下表に示します。

カテゴリー	勘定科目の例
収　益	売上高、雑収入
費　用	消耗品費、支払手数料、通信費、広告宣伝費、支払利息
資　産	現金、預金、売掛金、器具備品、事業主貸
負　債	買掛金、未払金、長期借入金、預り金、事業主借
資　本	元入金

■ 会計ソフトでは勘定科目の候補提示や検索ができる

freee会計では、勘定科目欄の入力時に、使途に応じた科目の候補と補足説明が表示されます。

加えて「取引入力ナビ」を使えば、より具体的なキーワードで検索することも可能です。

やよいの青色申告オンラインでは、「取引例を探す」で取引を検索すると勘定科目が表示されます。

また、弥生株式会社が提供するウェブページ「勘定科目・仕訳大全集」で、勘定科目の解説や仕訳例を学習できます。

● freee会計では勘定科目を入力する際にアシストしてくれる

● やよいの青色申告オンラインの「取引例を探す」

■ 同じ内容には同じ科目で統一して記載する

勘定科目を選ぶときに、最低限気にしてほしいことがあります。それが、**同じ内容には同じ科目を継続して使う**という点です。

例えば文房具を購入した際に、あるときは「消耗品費」、あるときは「事務用品費」、またあるときには「雑費」と**バラバラにしない**ということです。

何にいくらお金を使ったのかわかりづらくなり、その前年比較や前月比較もできなくなります。

経費管理の観点から、同じ内容については以前使用した科目を継続的に用いるように意識してください。

カテゴリー	勘定科目	内容・具体例
収益	売上高	商品の販売やサービス提供など、本業で得た収益
	雑収入	本業とは直接的に関係のない取引から生じる収益。補助金・助成金収入など
費用	仕入高	商品や原材料の仕入金額
	租税公課	事業税、固定資産税、自動車税、印紙税など
	荷造運賃	発送運賃、宅急便、国際郵便、梱包費用など
	水道光熱費	水道料金、電気料金、ガス料金、灯油代など
	接待交際費	事業に関わる人に対して接待や謝礼をするときに支払った費用。飲食代、お歳暮代、香典など
	保険料	自動車保険料、火災保険料、地震保険料など。ただし、個人事業主本人の生命保険料は経費として計上できない（所得控除の対象）
	修繕費	経営に必要とする有形固定資産などを修理・改修するために支払った費用
	消耗品費	事務用品、日用品、備品など（ただし、単価が10万円未満または耐用年数が1年未満のもの）
	減価償却費	固定資産の購入額を耐用年数に合わせて分割し、その年度ごとに費用として計上するための勘定科目
	外注費	業務を外部に委託した際にかかる費用。イラスト代、デザイン料、原稿代、人材派遣など
	支払利息	借入金利息、ローン利息、手形割引料など
	地代家賃	事務所家賃、レンタルスペース家賃、駐車場賃借料、トランクルーム代など
	車両費	ガソリン代、軽油代、車検費用、タイヤ購入費用など
	雑費	他の勘定科目に該当しない費用や少額の費用、一時的な費用などが発生した場合に用いる勘定科目

カテゴリー	勘定科目	内容・具体例
資産	現金	事業用に保有する通貨
	売掛金	取引先との営業取引で発生した、未回収の代金
	商品	販売する目的で、仕入先などの外部者から仕入れた物品の在庫
	前払金	仕入れなどの際に、商品やサービスを受け取る前に支払ったお金
	工具器具備品	パソコン、事務機器、通信機など（ただし、単価が10万円以上かつ耐用年数が1年以上のもの）
	車両運搬具	自動車、二輪車など（ただし、単価が10万円以上かつ耐用年数が1年以上のもの）
	事業主貸	事業以外の個人的な目的で、事業用資金から支出された金額。生活費、個人住民税、所得税、国民健康保険料、国民年金保険料など
負債	買掛金	商品や原材料の仕入を行ったものの、まだ支払っていない代金残額
	短期借入金	1年以内に返済する予定の借入金
	長期借入金	返済期日が1年を超える借入金
	未払金	商品や原材料以外で商品やサービスの提供を受けたものの、まだ代金を支払っていない代金
	前受金	商品やサービスなどを販売して、引渡し前に取引先から支払ってもらった代金
	事業主借	個人事業主の私的資金から事業用に支出した金額や事業以外の収入。現金の補充、個人カードからの支払い、預金利息、配当金など
資本	元入金	個人事業主からの出資と、事業で得た過去の利益の合計

3-13 請求書やレシートはどうやって保管する？

会計ソフトへの入力が終わった請求書やレシート類って、捨てても大丈夫ですか？

いやいや、決して捨てないでください。法律で**7年間の保管**が義務づけられていますから。

■ 請求書や領収書は長期保管が必要

会計ソフトへの入力が終わってしまうと、**請求書や領収書**を見返す機会はほとんどありません。しかし、決して破棄せず保管してください。それらは**原則7年間（白色申告の場合は5年）保管**するよう、法律で義務づけられているためです。

適切に保管できないことが税務調査等で指摘されると、経費として認められなくなったり、青色申告の承認が取り消されたりする可能性があります。**法に定める期間内は、必ず請求書や領収書を保管**してください。

法律では具体的な保管方法まで決まっていないものの、**整理した上で保管**することが求められています。

雑然と放置するだけではダメです。

「会計ソフトで○月○日に◇◇費で登録されている、△△に支払った□□円の請求書を見せて」と言われて、すぐに提示できる状態になっていれば、整理できていると言って差し支えありません。

フリーランスの方であれば、**支払った月別に封筒等にまとめておく**程度で十分でしょう。

1か月分の請求書や領収書・レシート類の数が少なく、特定の書類を見つけるのに苦労はしないはずだからです。

「勘定科目順・日付順に並べて、ノートに貼り付ける」といったことまでは求められませんので、安心してください。

■書類の保管に便利な筆者イチオシのアイテム

　書類の保管に便利な、筆者のイチオシのアイテムがあります。

　13ポケットある**ジャバラ式のドキュメントファイル**です。

　1〜12までのポケットに、それぞれ1月から12月までの請求書・領収書を入れておけます。

　13ポケット目は、その他の確定申告に必要な書類（医療費の領収証や生命保険の控除証明書など）の保管に使いましょう。

　封筒のようにバラバラにならないですし、コンパクトでかさばらないので、長期保管に便利ですよ！

● ドキュメントファイルフォルダー（ジャバラ式）

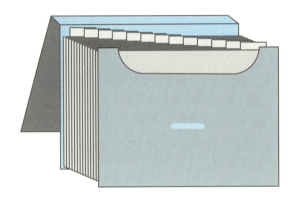

デジタルの請求書や領収書はどうやって保存する？

請求書や領収書って、メール添付やWebサイト上で表示されるものとかもありますよね。あれも紙に印刷して保存しなきゃいけないですか？

いえいえ、むしろデータはデータのまま保存しておく必要があって、**紙に印刷する必要はない**ですよ。

■電子データの請求書や領収書も5年間の保存義務

電子データで受け取った請求書や領収書なども、紙のものと同様に**原則7年間（白色申告の場合は5年）の保存義務**があります。

対象となる電子データの例は、以下の通りです。

- 電子メールに添付された請求書・領収書等のPDFファイル
- 本文に取引内容が記載された電子メール
- スマホアプリの決済履歴
- クラウドソーシングなどのプラットフームにおける取引履歴
- Webサイト上で表示もしくはダウンロードできる請求書・領収書
- クレジットカードやキャッシュレス決済のWeb明細

これらはかつて紙に印刷して保存すれば、電子データを削除することが認められていました。

ところが**2024年からはデータの削除が違法**とされ、**電子データは電子データのまま削除せず保存することが義務づけられる**ようになったのです（データを紙に印刷して保存すること自体は合法です）。

■電子データの保存ルールをつくろう

データを保存する際には下記3点のルールを守る必要があります。

> ❶ 改ざん防止のための措置をとる
> ❷「日付・金額・取引先」で検索できるようにする
> ❸ モニタやプリンタを備え付けて表示可能な状態にする

❸は当然にできるとして、非常にやっかいなのが❶と❷です。

しかし、創業間もないフリーランスの事業規模であれば心配いりません。

改ざん防止のための措置

「改ざん防止」の要件は、**電子データの訂正削除を行う際のポリシー文書を事業所に備え付けておく**ことで満たせます。

文書は一から作る必要はなく、**国税庁が公表しているひな形**を流用すれば十分です。電子データは、ひな形に記載されているルールに従って保存してください

「日付・金額・取引先」で検索できるようにする

「検索」の要件については、2年前の**売上高が5,000万円以下**（2023年以前に受け取る電子データについては、1,000万円以下）の事業者は免除されます。

要件を満たす必要すらないのです。フリーランスの事業規模であれば、ほぼほぼ免除されるでしょう。

ただし、税務調査時にデータのダウンロードや提示・提出ができるようにしておく必要はあります。

以上をまとめると、フリーランスはデータで受け取った請求書・領収書等について、次のような対応をとれば問題ありません。

> - **事務処理規程を備え付ける**
> - **データを訂正削除せずに保存する**
>   - ・電子メールは、添付ファイルも含めてアーカイブ保存しておく
>   - ・決済アプリやECサイト、クラウドサービス等に保存されているデータは、保存期限を確認しておく。7年（5年）以上の保存できない場合は、データのダウンロードやスクリーンショットなどの方法で、みずからデータを保存する

デジタルの請求書や領収書はどうやって保存する？　3-14

> ● 保存場所を把握・整理しておき、データのダウンロードや提示
>   が求められた際には速やかに応じられるようにする

　なお、すべての電子データについて完ぺきな対応を求められているわけではありません。

　国税庁も公式に「記帳をちゃんとしていて、電子データ以外の資料も残っていれば、ただちに青色申告を取り消したり経費を否認したりはしない」と表明しています。

　過度に心配する必要はないので、安心してください。可能なところから着手していきましょう。

3日目

売上や経費を会計ソフトで入力・仕訳しよう

119

3-15 領収書がない場合やなくした場合はどうする？

自販機で支払ったときとか、領収書が出ないことってあるじゃないですか。アレってどうしたらいんですか？

そういうときは「**出金伝票**」を使うといいですよ。ただし、あまり頻繁に使うのはよくありません。

■領収書が発行されないときは出金伝票を使う

　領収書やレシートが発行されない典型例として、次のようなが場合が考えられます。

- 冠婚葬祭の祝儀・香典などを支払った場合
- 自販機・券売機などで支払った場合
- 飲食費などを割り勘で精算した場合

　これらを現金で支出した場合、支出した日付や相手先、金額、内容といった情報は記録として残りません。
　そこで、領収書やレシートの代わりになるものとして「**出金伝票**」を書いて残しておきます。出金伝票は文具店などで購入できます。

■領収書やレシートをなくした場合は

　受け取った領収書やレシート類をなくしてしまった場合には、可能であれば再発行を依頼しましょう。再発行を受けられない場合には、領収証の代わりとなる出金伝票を残しておくほかありません。

出金伝票さえあればなんでも経費に認められるわけではない点にも注意してください。

あまりに出金伝票の数や金額が多いと、税務調査の際に私的な支出や架空経費であることが疑われやすくなるためです。**出金伝票はあくまで例外的に使用**してください。

大事なのは「経費に使った事実を証明できること」であるため、必ずしも出金伝票の様式でなくても構いません。

たとえば祝儀や香典であれば、結婚式の招待状や通夜・葬儀の会葬御礼状などに、出金伝票と同じ項目をメモ書きしたもののほうが証拠能力が高いと言えます。それらを他のレシート等とともに保管しておきましょう。

● 出金伝票の例

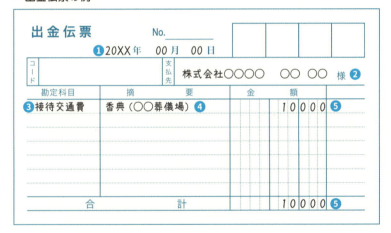

■会計ソフトでの操作

　出金伝票を作成した場合は、それをレシートや領収書と見立てて、経費を登録します。

プライベートの財布で現金払いで飲み物を購入した場合（freee会計）

　freee会計では、［取引］メニューから［取引の一覧・登録］を開いて入力しましょう。下図は、自販機で打ち合わせ用の飲み物を購入し、プライベートの財布から現金払いした場合の入力例です。

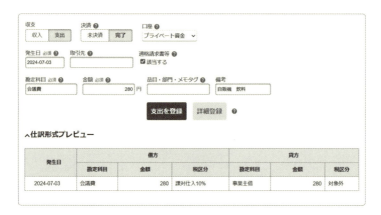

香典を事業用の財布から支出した場合（やよいの青色申告オンライン）

　やよいの青色申告オンラインでは［かんたん取引入力］の［支出］タブで入力を行います。図の例は、取引先関係者の葬儀に際し、香典を事業用の財布から支出したケースです。

経費になるもの、ならないもの

経費になるものと、ならないものの線引きは、長年フリーランスをやっている人でも意外と知らないものです。今まで経費でないと思っていたものも、実は経費として認められたり、反対に経費として処理していたものがグレーだったりということがあるでしょう。
適当に処理していると、税務調査の際に指摘されてしまうので、正しい処理の仕方を覚えましょう。

4-01 経費になる・ならないの境界線はどこにある？

経費が多いほど所得が減って、税金も減らせるんですよね？ 経費になるもの、ならないものを具体的に教えてください！

「永遠のテーマ」ですね、それは。結論としては「**明確な基準はない**」という回答になってしまいます。

■ フリーランス・個人事業主にとって経費とは

フリーランスや個人事業主の確定申告における**経費（必要経費）**とは、製造、営業、事務などの**事業を遂行するために必要な支出のこと**です。

具体的には、業務に使用するパソコンの代金やその通信費、文具代金、事務所の賃料や電気代が該当します。また、業務都合の出張にかかる交通費や顧客との打ち合わせに要した飲食代金も経費として認められます。

所得税の計算は、**収入から経費を差し引く**ところから始まります。

> 1年間の総収入 − かかった経費 ＝ 所得額

そして、所得額から必要な控除額を差し引いて**課税所得額**を求めます。その額に税率をかけると、おおよその税額となるのです。

この計算過程から明らかなように、**収入を減らすか経費を増やせば税額は減少**します。

収入を減らしたい人はいないでしょうから、税負担を抑えるためには、**経費を漏れなく正確に計上することが重要**です。

ただし、当然ながら、**事業に関係のない支出を経費として偽ることは許されません**。それは明確な脱税行為であり、税務調査等で発覚した場合には重加算税などのペナルティを科せられる可能性があります。

経費になる・ならないの境界線はどこにある？　4-01

■ 経費になる・ならないの原則は法律で決まっている

所得税法には「**経費になるもの**」が定められている一方で「**経費にならないもの**」も定められています。

- **経費になるもの**
  「必要経費」といって、仕事で稼ぐために必要な支出
- **経費にならないもの**
  「家事費」といって、仕事以外の衣食住や趣味娯楽に要する支出

物品やサービスの対価として支払ったお金が経費として認められるためには、**「経費になるもの」に該当するだけでは不十分**です。

同時に、**「経費にならないもの」に該当しない**ことも求められるのです。

つまり法律上、次の両方を満たすものが経費であると整理できます。

- ❶ その支出は、必要経費である（仕事に必要）
- ❷ その支出は、家事費ではない

経費かどうかの判断の具体例

個人事業主の食事を例に考えてみましょう。

事業主自身が摂る食事は、原則として経費にはなりません。下の2つ目の要件を満たさないためです。

- ❶ 栄養を摂取しなければ活動できないため、仕事で稼ぐために必要だ
- ❷ 栄養摂取は生きている限り必要であるため、仕事をしていなくても必要だ

一方で、クライアントとのランチミーティングに要した食事代は、経費として認められるべきでしょう。下記のような主張が通るためです。

4日目
経費になるもの、ならないもの

125

❶ 得意先とのミーティングは、仕事で稼ぐために必要
❷ 仕事をしていなければその得意先とのミーティングもないため、
仕事をしていなければ必要ない

とはいえ、これほど簡単に区分できるものばかりではありません。

「必要」か「不要」の判断基準は法律等で明確に示されておらず、**個別の事情に応じて判断する必要**があるためです。

例えば「グルメリポートを書くための食事代」は、グルメライターなら経費として認められますが、システムエンジニアなら認められにくいでしょう。これは個々の事業実態に基づく判断の結果です。

経費かそうでないかの判断には客観性が必要

必要か不要かの判断には、**客観性**が求められます。「私が必要だと感じるから」では不十分で、業務内容や支出の趣旨・目的から、**第三者が納得できるような判断をしなければなりません**。

したがって、ある支出を経費と認めさせるには、領収証等の「物的証拠」はもちろんのこと、「**仕事での必要性**」と「**仕事以外での不要性**」を正当化する「**状況証拠**」を集めておくことが重要です。

ランチミーティングを例にすると、次のような状況がより多く確認できるほど客観性が高まり、税務調査で否認されるリスクは低くなると考えられるでしょう。

- その取引先との間で実際に見積が交わされ受発注が起きている
- ミーティングの議事録や会議メモが残っている
- レシートに、ミーティングした旨と相手の名前をメモ書きしている
- そのお店はクライアントや自身の事務所に近く利便性が高い
- 他のクライアントとの打ち合わせでも、その店を利用している
- その取引先とはプライベートでの付き合いがない
- そのお店にはプライベートで通っていない

経費になるものとならないものとの境界線は曖昧であり、「**仕事での必要**

性（仕事以外での不要性）を示す事実」と「その事実を裏付ける材料」の多さによって左右されるものです。

経費に認めさせたいのなら、事実と材料を積極的に集めておきましょう。

経費申請時に、後ろめたい気持ちになりませんか？

ここまでの説明を受けても、なお釈然としない方はいらっしゃるでしょう。個々の具体例には法律上の明確な区分がないのですから、仕方ありません。

そこで、より感覚的に判断するための「たとえ話」を用意しました。

「あなたが会社員だとして、胸を張ってその支出を経費申請できますか？」

会社のお金を使って、上司や経理の承認を要するとして、それでも後ろめたい気持ちにならないか、という観点です。

判断に迷ったときは、思い出してください。

■青色申告で経費として記載されている勘定科目

経費として計上する際に使用する**勘定科目名**には、以下のようなものがあります。

売上原価

商品やサービスを売るためにかかる費用です。

在庫を保有する会社の場合、毎年仕入れたものが期末までになくなればすべて売上原価にできますが、**売れ残って在庫となるもの**が出てきます。そこで、**棚卸を行い**保有する商品の数量や金額を記載した**棚卸表を作成**します。棚卸表は、確定申告の際に必要とされる財務書類です。そして、期末にある在庫を仕入額から差し引いて原価を出します。確定申告時には棚卸高を記載します。

経費にならない ➡ 未使用の在庫、私用で購入したもの

租税公課

税を賦課金などの、国や地方公共団体にへ支払う費用のことです。

必要経費となる税金でよく使うものは、個人事業税、印紙税、自動車税、不動産所得税、税込処理の場合の消費税、利子税などです。

経費にならない ➡ 所得税や住民税、法律違反による延滞金や加算金、罰金など

水道光熱費

事務所などでかかる**電気・ガス・水道などの費用**です。

自宅の一室を事務所として使用している場合は、**家事按分**し（150ページ参照）事業にか

かっている分だけを費用として計上します。

経費にならない ➡ 私用で使った水道、ガス代金

旅費交通費

事業を行うために要した**交通費**や出張の際の**宿泊費**などの費用です。

自宅から事務所までの定期券や、打ち合わせのために使った電車代などが具体例です。SuicaなどのICカードで乗車した場合にも認められます。また、従業員などが使ったものも同様です。

経費にならない ➡ 趣味娯楽のための旅行代

荷造運賃

宅配便やバイク便**などの運賃、梱包などの費用です。

書類を送るために使った切手は、一般的に通信費で計上します。

経費にならない ➡ 事業とは無関係の部屋の引越し代

広告宣伝費

チラシ、ポスターや**名刺**などの事業のイメージアップや認知を広めるために使った費用です。**SNS広告やリスティング広告**などの費用もこの勘定科目に含まれます。

経費にならない ➡ SNS広告やリスティング広告のデポジット（まだ課金されていない分）

通信費

事業を行うために使う**電話、プロバイダー、切手、はがき、封筒**などの費用です。

他にも事業のために使用している**ドメインにかかる費用**なども含まれます。自宅を事務所にして同じインターネット回線を私用でも使っている場合は家事按分します。

経費にならない ➡ 未使用の切手（ごく少額な場合を除く）

接待交際費

売上につながる営業上の接待等に要した**飲食代や贈答品**などの費用です。

得意先との飲食やパーティーや手土産、祝電なども含まれます。プライベートな飲食代とはきちんと分けるようにしましょう。

経費にならない ➡ 贈答用として購入したプリペイドカードを私的な目的で使用したもの

消耗品費

事務用品、名刺、机や備品などの消費サイクルの早い物品の購入費用です。パソコンやiPadなども10万円未満だと消耗品費となります。

通常は**耐用年度が1年未満、10万円未満のもの**を指します。10万円を超えるものについては減価償却（131ページ）が必要です。

経費にならない ➡ 家財道具の購入費

リース代

パソコンやコピー機など**事業に必要な物品のリース費用**です。

リース契約とは、設備や機器をユーザーが直接購入するのではなく、リース会社が購入してユーザーが長期間借りる仕組みを指します。

経費にならない ➡ 同居の親族へ支払う賃料

経費になる・ならないの境界線はどこにある？　**4-01**

給料賃金

従業員を雇っている場合に支払う**賃金、退職金、ボーナス**などの費用です。

経費にならない ➡ 同居親族へ支払った給与（青色事業専従者給与の届出が必要）、事業主自身への給与名義の支出

福利厚生費

給与や賞与以外で**従業員のために支出する費用**です。社宅や食堂、健康診断費用、忘年会費用、従業員の慶弔費用などが当てはまります。

経費にならない ➡ 事業主やその家族従業員しかいない場合の福利厚生

会議費

事業のために行なう会議や打ち合わせの際に必要となる喫茶代や昼食代、貸会議室の費用などです。

飲食を伴う場合でも、接待ではなく打ち合わせがメインで行われたときはこちらの勘定科目を使います。

経費にならない ➡ 友人や家族とのプライベートでの飲食費

新聞図書費

事業を行う上で必要な情報収集のために購読する**新聞、書籍、雑誌**などの費用です。
電子書籍や有料メルマガなどもこの勘定科目を使うことができます。

経費にならない ➡ マンガや小説など娯楽用のもの（クリエイティブ職が資料として必要とするもの等を除く）

支払手数料

銀行の**振込手数料等の各種手数料を計上**する科目です。
税理士等の専門家報酬を含めることもあります。

経費にならない ➡ プライベート用の銀行口座に関連する振込手数料

支払報酬

弁護士、会計士、税理士などの**専門家報酬を個別に管理する場合**に使います。外注費との違いは、専門性の高い業務であるかどうかです。

経費にならない ➡ 私的な行政手続きを委託したことによる報酬

外注費

外部の個人や法人に対し、**業務の一部を委託**する際に使用する科目です。

経費にならない ➡ 自宅の家事代行の費用、ベビーシッター代

車両関係費

業務用の車両の使用や維持管理にかかる費用です。

経費にならない ➡ 業務に使用しない車両にかかる費用

諸会費

商工会議所や自治会、業界団体等の**会費**として支払う費用です。公共団体の会費は「租税

公課」を使うこともあります。

経費にならない ➡ 業務と直接の関連がない社会奉仕団体の会費

研修費

スキルアップのための**研修やセミナーの費用**です。

もちろん、最近増えているオンラインのセミナーや研修にも使うことができます。

経費にならない ➡ 明らかに仕事に不必要な資格などを取るための費用

損害保険料

火災保険や自動車保険などの**掛け捨ての損害保険の費用**です。

気をつけたいのが、満期返戻金や解約返戻金があるタイプの保険です。保険料の一部分しか経費にできないためです。

経費にならない ➡ 自宅や家財道具の地震保険、積立型保険の積立部分

修繕費

固定資産の機能維持や、故障時の原状復帰のためにかかる費用です。おもに、事業用の建物や備品のメンテナンス、修理などで使われます。

経費にならない ➡ 機能の維持・原状復帰ではなく、機能の「追加」や「向上」にかかる費用（原則として減価償却する）

利子割引料

事業資金を借り入れた際に、**支払った借入利息**を費用として処理するものです。事務所の改築などの借り入れ利子にも使えます。

経費にならない ➡ 住宅ローンやマイカーローンのうち、私用部分

地代家賃

事務所や工場、駐車場などの賃料を処理する費用です。自宅などを事務所にしている場合、家事按分により事業使用分を経費にできます。

経費にならない ➡ 同居の親族へ支払う賃料

貸倒引当金

取引先が倒産したりして、売掛金や未収入金などが回収できなくなった場合を想定し、見積金額を費用として計上する勘定科目です。

経費にならない ➡ 法律による上限額を超える金額

高額な機材を買えば たくさん経費にできる？

仕事に必要で、かつ仕事以外で必要ないものなら、経費にできるんですよね？
そしたら、仕事でしか使わない高額なモノを購入して、たくさん経費にするのもアリですね！

それはちょっと違いますね。**10万円以上の物品を購入した場合**、購入したその年に全額を経費にすることはできません。「**減価償却**」という特別な計算方法を使って経費にする必要があるんです。

減価償却…。何ですかそれ？

■10万円以上の物品は減価償却（げんかしょうきゃく）で経費にできる

事業用資産のうち、**10万円以上で取得し1年以上にわたって使用するもの**は、取得した年度に全額を経費に計上することはできません。
「**減価償却**」という特別な計算を使って経費計上をします。

減価償却とは？

減価償却とは、物品の購入金額を**使用年数に応じて少しずつ経費にしていく方法**です。

例えば、28万円のパソコンを4年間使う場合、毎年7万円ずつ経費として計算します。

これは、支出の効果（売上への貢献）が長期にわたる場合、その期間に応じて経費化するという会計のルールに基づいています。

このルールは「**費用収益対応の原則**」と呼ばれ、税法でも採用されています。そのため、1年以上使用する資産は通常、複数年に分けて経費計上することになっているのです。

対象となる資産を使用できる期間は**耐用年数**と言われ、法令によって**法定耐用年数**として物品の種類ごとに細かく定められています。

フリーランスが購入することの多い物品では、下表ような耐用年数が定められています。

10万円未満のものは減価償却しなくていい

1年以上使えるものすべてを減価償却の方法で計算するのは手間がかかります。そこで、**10万円未満の物品については減価償却せず取得価額全額を「消耗品費」として経費計上する**こととされています。

ある商品を定価の10万円で購入するのと、セール価格8万円で購入するのでは、会計処理が異なるのです。

● 耐用年数表

パソコン	サーバー用：5年　その他：4年
カメラ	5年
スマホ	4年（通話が主な用途10年）
自動車	普通車：6年　軽自動車：4年
ソフトウェア	5年

● 取得価額による費用の取扱い

取得価額	経費算入の方法		
10万円未満	償却しない（全額経費）		
10万円以上 20万円未満	一括償却 (P.140)	少額償却 資産の特例 (P.141)	通常の 減価償却
20万円以上 30万円未満	—		
30万円以上	—	—	

■ 減価償却の具体的な計算方法——定額法と定率法

減価償却により経費計上する方法には「**定額法**」と「**定率法**」の2つがあります。

> 1. **定額法**　毎年、均等に経費にする方法
> 2. **定率法**　経費にできる金額が少しずつ減っていく方法

300万円の軽自動車（法定耐用年数4年）であれば、4年で均等に分割して75万円ずつ経費にします（次ページのグラフ参照）。

一方で**定率法**は定額法より計算が複雑で、かつ**事前に税務署届出**をしな

いと利用できません。

確定申告初心者の方は、**定率法よりも定額法がオススメ**です。

なお、購入した年の減価償却費は月割りで計算する点に注意してください。たとえば6月に購入・利用開始した場合、計算した減価償却に7／12をかけます。分子の7は6〜12月の月数です。

● 定額法と定率法

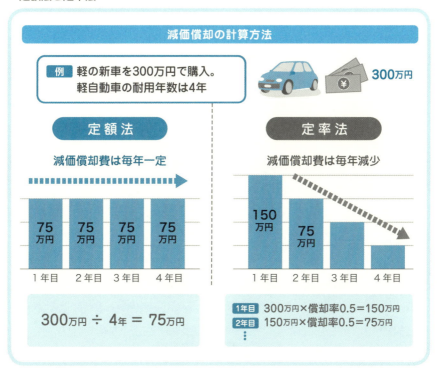

その他の注意点

このほか、耐用年数を無視して**3年均等で償却する方法**や、**利用を開始した年に全額経費にできる青色申告の特典**もあります（141ページ参照）。

■freee会計で減価償却の計算を行う

　freee会計を使っている場合、「**固定資産台帳**」に所定の事項を登録すれば、自動で減価償却の計算と経費登録をしてくれるので便利です。

Step 1 トップページの[確定申告]→[固定資産台帳]を選択します

Step 2 [固定資産を登録]をクリックします

高額な機材を買えばたくさん経費にできる？　**4-02**

Step 3 　必要項目を入力します

ホーム ＞ 確定申告 ＞ 固定資産台帳 ＞ 登録

固定資産の登録

基本情報

資産の名前 必須	カメラ Nikon D850　❶ 電子申告(e-Tax)を利用される場合は16文字以内で入力してください
取得日 必須	2023-11-15　❷
事業供用開始日 必須	2023-11-15　❸ 利用を開始した日付を記入してください
取得価額 必須	330,000 円 （税込）❹ 免税事業所の方は税込金額を入力してください
勘定科目 必須	工具器具備品 　　　勘定科目を推測する　❺ 「資産の名前」を元に勘定科目を推測します
数量又は面積 必須	1　単位：個　❻ 例）個

償却情報

償却方法 必須	定額法 　　　償却方法を推測する　❼ 「取得日、勘定科目」を元に償却方法を推測します
耐用年数 必須	5 年 国税庁の耐用年数表を確認 ☑ ❽ 1年~100年の間で入力してください
期首残高	330,000 円
改定取得価額	0 円 定率法の場合、調整前償却額＜償却保証額となる最初の年の期首残高を入れてください
事業利用割合	100 ％　❾ 0~100%の間で入力してください
特別（割増）償却費	0 円
減価償却端数処理方法	切り上げ

❶ 購入した資産の名前　❷ 購入した日　❸ 使い始めた日
❹ 購入価格　❺ 勘定科目　❻ 個数
❼ 償却方法　❽ 法定耐用年数
❾ （一部プライベート使用している場合）事業で使用している割合

4日目

経費になるもの、ならないもの

135

■ やよいの青色申告で減価償却の計算を行う

やよいの青色申告オンラインでは、[固定資産の登録] から行います。

Step 1 [高度なメニュー] カテゴリの [固定資産の登録] をクリックし [新規登録] をクリックします

Step 2 資産の種類を「固定資産」「繰延資産」から選び [次へ] をクリックします

Step 3 科目、名称、数量、取得方法、取得日、取引先、金額等を入力し [次へ] をクリックします

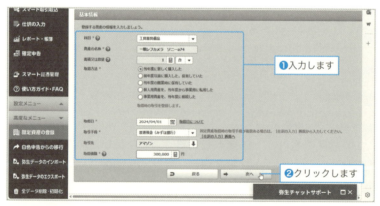

Step 4 資産の償却方法を「定額法」「定率法」から選びます。ここでは「定額法」を選択し［次へ］をクリックします

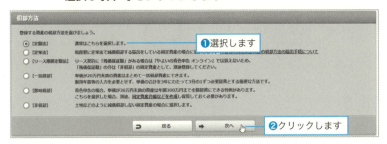

Step 5 定額法で償却するための情報を入力し、［次へ］をクリックします。資産の耐用年数は❓ボタンをクリックして調べてください。ここで入力するカメラの耐用年数は5年です

Step 6 ［次へ］をクリックすると、確認の画面が表示され、よければ［次へ］をクリックします。減価償却資産が登録されます

4-03 減価償却を短期間にして早く経費化したい！

減価償却の理屈はわかりました。でも、5年も6年もかけて経費にしていくのって、率直に言って煩わしいですね。

その気持ちはよくわかります。実は、耐用年数を短くしたり、その年に全額経費にできたりする**特殊ルール**もあるんですよ。

■ 減価償却費の特殊ルール

何年にも分けて少しずつ経費化していかなければいけない減価償却ですが、**特殊ルールを使えばより早く経費にする**ことができます。

- 中古資産の見積耐用年数の適用
- 一括減価償却の適用
- 少額減価償却資産の特例の適用

ただしこれらを利用したとしても、経費にできる総額自体は変わりません。**経費化を早められたり利益調整に使えたりするだけ**なので、必要ないものを買って無駄遣いすることだけは避けましょう。

中古品は経費計上を早期化できる

中古で購入した減価償却資産は、通常よりも短い年数で償却することができます。このしくみを利用することで、**短期間に多額の減価償却費を計上**して利益調整することも可能です。

そもそも**法定耐用年数**というのは、その物品が持つ機能を正常に発揮で

きる期間を、未使用時点からカウントして定められています。

中古の場合はその期間の一部をすでに過ぎてしまっているので、その**過ぎた期間分を考慮して耐用年数を短めに見積もってよい**こととされているのです（新品と同じ法定耐用年数を使うことも認められています）。

中古品を減価償却する際の耐用年数は、次の方法で計算します。

● 中古品を減価償却する際の耐用年数

法定耐用年数のすべてを経過している場合

2年

法定耐用年数の一部を経過している場合

（ 法定耐用年数 － 経過年数 ）＋（ 経過年数 × 20% ）

※ 経過年数に1年未満の端数がある場合は月数に直して計算します。
※ 計算結果に端数が生じる場合は切り捨てます。
※ 計算結果が2年未満となる場合は「2年」とします。

たとえば、**新車登録から2年7か月経過した中古普通車**（法定耐用年数6年）であれば、次のとおりです。

法定耐用年数　経過年数　　　　経過年数
（ 72か月 － 31か月 ）＋（ 31か月 × 0.2 ）

＝ 47.2か月 ➡ 3.93… 年 ➡ 3年

本来6年で償却すべきものを3年で償却するということは、1年あたりに経費にできる金額が倍になることに他なりません（定額法の場合）。

4年の高級車は節税になるって本当？

「**4年落ちのベンツを買うと節税になる**」とよく言われるのは、この仕組みを利用して短期に多額の減価償却費を計上するスキームのことを指しています。

なお新品の場合と同様に、**購入初年度については月割り計算**を行います。

12月に駆け込みで中古品を買っても本来の12分の1しか減価償却できないので、注意してください。

freee会計への登録方法は、通常の減価償却資産と同じですが、見積耐用年数の計算は自分で行う必要があります。

■単価20万円未満は3年均等で経費にできる

10万円以上で20万円未満の物品については「**一括償却**」という計算方法を適用することが可能です。

一括償却を使えば、通常の減価償却よりも早期に経費化できるほか、その物品に「**償却資産税**」という税金が課されることを避けられます。

一括償却とは、法定耐用年数を使わずに**3年間で均等に取得価額を経費にする方法**のことです。

月数按分の必要もないので、年の途中に購入し使用を開始した物品であっても、その取得価額の3分の1を経費にできます。

年末が近づいて年間利益の着地点が見えているときに、駆け込みで経費化して利益調整ができてしまうのです。

一括償却の資産は償却資産税の課税対象にならない

一括償却を行なう資産は、**償却資産税の課税対象にならない**点でも優れています。

償却資産税は固定資産税の一種で、個人事業主が使っている事業用資産にかかる税金のことです。

減価償却費の計上を急いでいないのでしたら、**10万円以上20万円未満の資産については、後述する少額減価償却資産の特例ではなく一括償却**をお勧めします。

■freee会計で一括償却資産で登録する

freee会計へは、**勘定科目を「一括償却資産」、償却方法を「一括償却」**で登録してください。それ以外は通常の減価償却と同じです。

● freee会計への固定資産の登録

■単価30万円未満は全額その年の経費にできる

「**少額減価償却資産の特例**」と呼ばれる、**青色申告をしている事業者限定の特例**です。

この特例では、単価30万円未満の物品を購入した場合に、その全額をその年の経費にできます。

ただし、年間合計で**300万円が限度**です。一括償却と同じで月数按分の必要もないので、**年末近くの利益調整にも使えます**。

単価30万円未満で、経費化を急いでいる場合は、この少額減価償却資産を利用するのがオススメです。

■freee会計で少額償却で登録

freee会計では、償却方法を「少額償却」で登録してください。それ以外は通常の減価償却と同じです。

● freee会計への少額償却の登録画面

4-04 開業前に支払ったものはどうやって経費にする？

そういや、開業準備のためにいろいろとお金を使ったんですよ。レシートを取ってあるんですが、あれは経費にできないんですか？

ああ、それは「開業費」と呼ばれるものですね。「均等償却」もしくは「任意償却」という方法で経費にできますよ。

■開業までに使ったお金は？──開業費

開業費とは、開業準備を始めた時から開業するまでに支出したお金のことです。具体的には、次のようなものに要した支出が対象となります

- セミナー参加費、書籍
- 印鑑やスタンプ、文具等の備品
- 名刺、ロゴ、Webサイト、チラシなどの制作
- 取引先との打ち合わせ、手土産
- 事務所・店舗の家賃

ただし**次のような支出は対象外**なので、注意してください。

- 単価が10万円以上の物品（車、パソコン、ソフト、改装費）
- 商品や材料など、在庫になるものの仕入
- 敷金、保証金

開業費は「**費**」が科目名に付いていますが、それ自体は経費ではなく「繰

延資産」と呼ばれるものに該当します。

経費にするためには、次のいずれかの方法を選択しなければなりません。

> ❶ 5年間で均等に経費にする（均等償却）
> ❷ 好きなタイミングで経費にする（任意償却）

均等償却

「**均等償却**」は経費にする金額を機械的に計算するため、会計ソフトの自動計算機能を利用できるのがメリットです。

任意償却

「**任意償却**」を使えば「開業初期の利益が薄い年度は経費化するのを見送り、事業が軌道に乗って**大きな利益が出た年度に全額経費にする**」といったことも、税法上認められます。

意図的に所得を調整して合法的に納税額を操作できる、**納税者にとって使い勝手のいい計算方法**だといえます。

■ freee会計を使った開業費の登録方法

freee会計で開業費の登録と経費計上を行う場合は、下記の3ステップの手順を実行します。

❶ 開業費を開始残高に登録する

Step 1 ［設定］→［開始残高の設定］をクリックします

Step 2 ［開始残高を設定］をクリックします

Step 3 ［2.勘定科目ごとの設定］の［開業費］に金額を入力し、［開始残高を設定］を
クリックします

❷ 開業費を「固定資産台帳」に登録する

Step 1 [確定申告]→[固定資産台帳]をクリックします

Step 2 固定資産台帳で[＋固定資産を登録]をクリックします

クリックします

Step 3 各項目を入力して[保存]ボタンをクリックします

❶入力します

償却情報

償却方法 必須	任意償却 ÷	償却方法を推測する
	「取得日、勘定科目」を元に償却方法を推測します	
耐用年数 必須	年 国税庁の耐用年数表を確認 ⧉	
	1年~100年の間で入力してください	

期首残高	330,000 円
改定取得価額	0 円
	定率法の場合、調整前償却額＜償却保証額となる最初の年の期首残高を入れてください
事業利用割合	0 ％
	0~100%の間で入力してください
特別（割増）償却費	0 円
減価償却端数処理方法	切り上げ ÷

管理情報

申告先市区町村	
	償却資産申告用のメモとして利用できます

| 保存 | キャンセル | ❷クリックします |

項目名	記入内容	
	均等償却する場合	任意償却する場合
資産の名前	「開業費」と入力する	
取得日	開業日を入力する	
事業供用開始日	[取得日]と同日が自動入力される	
取得価額	開業費の総額（税込）を入力する	
勘定科目	[繰延資産] → [開業費]を選択する	
数量または面積	「1（単位：式）」と入力する	
償却方法	[均等償却]を選択する	[任意償却]を選択する
耐用年数	「5」と入力する	（入力不可）
（その他の項目）	（初期値・空欄で可）	

❸ 経費にする額を入力する

● 均等償却の場合

自動で入力されるので、処理不要です。

● 任意償却の場合

Step 1 固定資産台帳の画面から、登録済みの開業費をクリックします

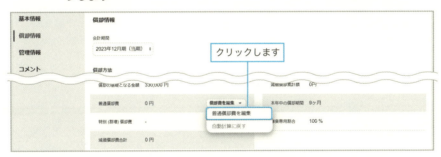

Step 2 「今年度の償却」カテゴリ[償却費を編集]→[普通償却費を編集]をクリックします

Step 3 経費にする金額を入力して[保存]をクリックします

■やよいの青色申告を使った開業費の登録方法

やよいの青色申告オンラインでは、[かんたん取引入力]から[支出]タブで開業費を登録してみます。

Step 1 [かんたん取引入力]の[支出]タブで入力します。
日付、勘定科目は「固定資産」から「開業費」、取引手段、摘要、金額を入力し[登録]をクリックします

Step 2 確認のメッセージが表示されるので、[はい]をクリックします

Step 3 「資産の種類」を選ぶ画面で「繰延資産」を選択し[次へ]をクリックします

Step 4 「開業費」と「取得金額」が入力された画面が表示されます。

「取得日」は開業した日付、「資産の名称」に取引の摘要となる内容を入力します。よければ［次へ］をクリックします

Step 5 「償却方法」は「繰延資産償却」のまま［次へ］をクリックします。繰延資産は、その効果が続く年数に分割して経費化するものです

Step 6 「償却期間」で均等償却する場合は「5」年を入力します。任意償却を適用し、本年度に償却しない場合は「普通償却費」を「0」円にします。［次へ］をクリックすると、最終確認の画面が出るので、問題なければ［登録］をクリックします

4-05 仕事とプライベートで兼用する自宅や車の経費はどうする？

車を仕事とプライベートの両方で使うのですが、車の費用を全部経費にできますか？

ダメですね！　「**家事按分**」っていう特殊な計算方法を使って、事業で使用した分だけを会計ソフトへ登録するんです。

■家事按分（かじあんぶん）って何？

125ページで、フリーランスの支出には**必要経費**と**家事費**があると説明しました。

> 1. **必要経費**　仕事で稼ぐために必要な支出で、経費になる
> 2. **家 事 費**　仕事以外の衣食住や趣味娯楽のための支出で、経費にならない

ところが現実には、**必要経費と家事費とが一体となっていて切り離せない支出**も存在します。

「**一室を事務所用として使っている自宅**」や「**仕事上の出張にも使うマイカー**」のために要する支出がその典型例です。

これらの支出は必要経費でも家事費でもなく「**家事関連費**」と呼ばれます。

より具体的な費目としては、次のようなものが挙げられます。

- 自宅兼事務所として使う賃貸物件の
  家賃・管理費、火災（地震）保険料、電気料金、通信費など
- 仕事上の出張とプライベートの移動に使う車両の
  減価償却費、燃料費、自動車保険料、自動車税、車検整備費、
  駐車場代など

仕事で使った分だけが経費になる

　家事関連費は、支出した金額のすべてが経費になるわけではありません。**仕事で使用した部分だけが経費として認められる**のです。

　従って、支出した金額のうちどれだけを仕事に使用して、どれだけがプライベート分なのかを計算しなければなりません。

　この計算のことを「**家事按分**」と呼びます。

　たとえば自宅の家賃が10万円で、その自宅を業務に使用している割合が30％の場合、10万円×30％＝3万円を経費にするイメージです。

　家事按分の割合を計算する方法については、法律で定められた明確なルールがありません。「○％くらいまでなら経費に認められる」といった、相場のようなものもありません。

　どのように計算するかは自由なのです。ただし、お手盛りなのはいけません。**家事按分の計算方法には客観性と合理性が求められる**ためです。

　具体的には、次表のような方法で按分すれば客観的かつ合理的であるといえるでしょう。

　計測可能な定量的な指標を用いて、算式に基づいて計算しているためです。根拠となる日数や時間、距離などは毎月実測するのが理想ではありますが、そこまでするのは大変です。

　そこで、閑散期でも繁忙期でもない標準的な1ヶ月程度の期間でサンプルを収集して、算出した割合を通年使用することをオススメします。

　たとえば車両関係であれば、行き先と走行距離をその都度記録し、根拠資料として残しておくとよいでしょう。

● 按分割合の計算例

費目	按分の根拠	按分割合の計算例
家賃	床面積	全体の床面積 60 ㎡（うち仕事部屋 15 ㎡） 15 ÷ 60 ＝ **25%**
電気	コンセントの数	全体の数 15 個（うち仕事部屋 4 個） 4 ÷ 15 ＝ **約26%**
通信費	稼働日数・時間	1 か月の平均日数 30 日（うち稼働 20 日） 1 日 24 時間（うち稼働 8 時間） **(20 ÷ 30)×(8 ÷ 24) ＝ 約22%**
車両関係	走行距離	1 か月の平均走行距離 1,000km （うち業務都合の走行 300km） 300 ÷ 1,000 ＝ **30%**

このように、明確に数字を用いて説明できるようにすることが大切です。

■freee会計で按分割合の登録設定

freee会計では、算出した按分割合を事前に登録しておけば、経費として申告する金額を自動で計算してくれます。設定は以下の箇所で行います。

❶ 減価償却費以外の費用の按分設定

Step 1 ［確定申告］メニューの［家事按分］を開きます

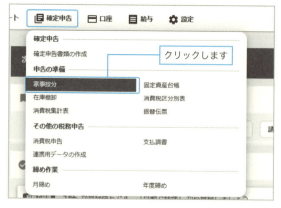

仕事とプライベートで兼用する自宅や車の経費はどうする？　4-05

Step 2　[新しい家事按分を登録]をクリックします

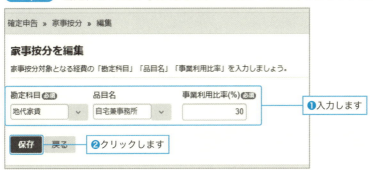

Step 3　勘定科目、品目、事業利用比率を入力して[保存]をクリックします

❷ 減価償却費の按分設定

固定資産の登録時（4-02参照）に、[事業利用割合]を入力します

4日目　経費になるもの、ならないもの

■やよいの青色申告で按分割合の登録設定

　やよいの青色申告オンラインでは、家賃、水道光熱費、通信費など家事関連費の按分割合を、青色申告決算書作成の流れの中で設定できます。

　雑費は事業割合を設定できないので「仕訳の入力」画面で家事按分の仕訳を入力します。

Step 1　家賃、水道光熱費、通信費など家事按分の対象となる支出は、取引時に[かんたん取引入力]で入力します。この時点では按分しません

Step 2　メインメニューの「確定申告」をクリックし、年度、申告方法（電子申告e-Tax）を選び、Step2の「青色申告決算書の作成」で「開始」をクリックします

仕事とプライベートで兼用する自宅や車の経費はどうする？　**4-05**

Step 3 「3.家事按分」まで進み「水道光熱費」「通信費」などの事業割合を入力します。その他の経費も家事按分する場合には、「水道光熱費や通信費以外の科目についても家事按分をしますか？」で［はい］を選択し設定してください。問題なければ［保存して次へ］をクリックします

3. 経費の家事按分

取引で登録した支出の種類（科目）ごとに、家事按分をして経費を計算しましょう。

経費の家事按分

事業と関係のない支出は、経費として申告できません。
個人的な支出も経費に含めてしまうと、所得（売上から経費等を引いた金額）が減るため、所得税が不当に安く計算されてしまうことがあります。

そのため、事業とプライベートで共用している設備等にかかった支出は、事業で使用している割合を設定して経費を計算します。
これを「家事按分」と呼びます。

事業でのみ使用している科目は、家事按分の必要はありません。（事業割合を100%のままにしておきます）
最初から家事按分を考慮して、事業分の金額のみ取引として登録している場合も、家事按分の必要はありません。

経費の取引は、内部的な集計の都合によりインボイス制度開始日（令和5年10月1日）前と後に分けて集計しているため、按分仕訳が2種類作成される場合があります。
最終的な経費の金額には影響ありません。

	支払金額		事業割合			経費額
水道光熱費	45,000 円	×	60	%	=	27,000 円
通信費	5,000 円	×	60	%	=	3,000 円

❶入力します

⑦ 家事按分の考え方

❷クリックします

水道光熱費や通信費以外の科目についても家事按分をしますか？　○はい　⦿いいえ

⤺ 戻る　　➡ 保存して次へ

Step 4 「地代家賃」「利子割引料（金融機関を除く）」「税理士・弁護士報酬」は「4.その他の経費」で事業割合を入力し［保存して次へ］をクリックしてください。これで家事按分の設定は終了です

4. その他の経費

その他経費の内訳について確認しましょう。

地代家賃の内訳

支払先の情報を入力しましょう。

支払先名　A不動産　　　　　支払先の住所 * 〒
　　　　　　　　　　　　　　賃借物件 * ⑦

賃借料は、支払先ごとに地代家賃の支払金額を表示しています。
必要に応じて［事業割合］を設定してください。
権利金、更新料には、本年中に支払った金額を入力します。
権利金、更新料の入力については サポートページ をご覧ください。

経費の取引は、内部的な集計の都合によりインボイス制度開始日（令和5年10月1日）前と後に分けて集計しているため、按分仕訳が2種類作成される場合があります。
最終的な経費の金額には影響ありません。

支払先名　A不動産

❶入力します

権利金	0 円
更新料	0 円
賃借料	2,400,000 円　事業割合 40 %　賃借料のうち必要経費算入額　960,000 円

⤺ 戻る　　➡ 保存して次へ　　☐あとで修正する

❷クリックします

4日目
経費になるもの、ならないもの

155

Column これって経費？　迷いやすいもの

フリーランスをしていれば、書籍などで勉強しても、これって経費なのか？と迷ってしまうものです。

会議費になるもの
打ち合わせのカフェ代、レンタルセミナールームの料金、会議のお弁当

会議費にならないもの
友人とのカフェ代、接待のための飲食費（接待交際費で処理する）

図書新聞費になるもの
業務で使う書籍（電子書籍含む）・新聞、待合室に置く雑誌・新聞

図書新聞費にならないもの
年度をまたぐ雑誌の定期購読料（翌年分は翌年の経費）

研修費になるもの
業務に必要なセミナーへの参加費、教材代

研修費にならないもの
業務との関連性が薄い自己啓発目的の英会話受講料

地代家賃になるもの
事務所・店舗・駐車場などの家賃や共益費及び更新費

地代家賃にならないもの
敷金、20万円以上の更新料や礼金（償却によって経費にする）

通信費になるもの
インターネット代・電話代・切手など

通信費にならないもの
自宅の電話代（事業でも使用する場合は家事按分可能）

5日目

「所得控除」を最大限使って節税しよう!

節税の基本は所得税控除を賢く使うことです。経費を増やして利益を減らす方法では、手取り収入が少なくなってしまい、社会的な信用を得られないことがあります。そこで、まずは所得税控除を最大限使うことで、税負担を軽減するのが賢明な方法です。この章では、節税の基本とおトクなワザを学んで行きましょう。

税金ってどうやったら安くなる？

「節税」って税金を安くすることだと思うんですが、具体的にどのような方法がありますか？

いろいろあるんですが、オーソドックスなのが「所得」を減らすことによって税額を抑える方法です。

■ 所得を抑えることで税金が安くなる

　所得税は、**所得（課税所得金額）に対して一定の税率を掛けて計算**します。そのため、所得を抑えればおのずと税額も少なくなります。

　さらに、所得税は**超過累進税率**を採用しており、所得が一定額を超えると、超過した所得に対してより高い税率が適用されます。

● 所得税の税率

所得の金額	税率
195万円以下の部分	5%
195万円超 ～ 330万円以下の部分	10%
330万円超 ～ 695万円以下の部分	20%
695万円超 ～ 900万円以下の部分	23%
900万円超 ～ 1,800万円以下の部分	33%
1,800万円超 ～ 4,000万円以下の部分	40%
4,000万円超の部分	45%

　そのため、所得を低く抑えられれば適用される税率も低くなる可能性があり、それに応じて税負担も抑えられる場合があります。

税金ってどうやったら安くなる？　5-01

■ 所得税の計算をしてみよう

計算例で確認してみましょう。

所得金額が500万円の場合、所得税の額は57万2,500円となります。

これは所得金額の11.45％（＝57万2,500円／500万円）に相当します。

所得が 500 万円の場合

所得500万円	195万円以下の部分	195万円	×5％ =9万7,500円 (A)
	195万円超～330万円以下の部分	135万円	×10％ =13万5,000円 (B)
	330万円超～695万円以下の部分	170万円	×20％ =3万40,000円 (C)

税額
(A)＋(B)＋(C)
＝ **57万2,500**円
➡ 所得の**11.45**％

　いろいろと差し引ける（控除できる）ものがあったので、所得を300万円に抑えられたとします。

　この場合、税額は20万2,500円となり、所得金額に占める所得税の割合は6.75％（＝20万2,500円÷300万円）にまで減少します。

　税額にして37万円、割合にして4.7％も税負担が減るのです。

　所得を減らす方法は、その計算方法を知ればおのずとわかります。

所得を 300 万円に抑えた場合

| 所得300万円 | 195万円以下の部分 | 195万円 | ×5％ =9万7,500円 (A) |
| | 195万円超～330万円以下の部分 | 105万円 | ×10％ =13万5,000円 (B) |

税額
(A)＋(B)
＝ **20万2,500**円
➡ 所得の **6.75**％

5日目

「所得控除」を最大限使って節税しよう！

159

● 所得を減らすもの

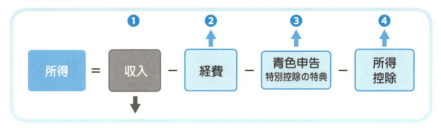

　上の所得を求める計算式で、次の❶〜❸のいずれかの増減を行なえば所得は減ることになります。

❶「収入」を減らす
❷「経費」を増やす
❸「青色申告の特典」を増やす
❹「所得控除」を増やす

　このうち❹「所得控除」については161ページ以降で紹介したものを適用することで増やせます。

■経費をいたずらに増やすのは悪手！

　所得を減らしたいがために収入を減らす、という方はほとんどいません（売上をごまかす方はいますが、もちろん脱税行為です）。
　一方で、経費をやたらと増やそうとする方は沢山います（家事費を経費と偽る方はいますが、これも脱税行為です）。しかし、経費を増やして税額を減らす考えは、ハッキリ言って筋が悪いんです。
　たしかに、経費を増やせば所得が減って、結果的に税金も減ります。しかし、**減った税金の額以上に経費支出が増え、手元に残るお金はかえって減ってしまう**のです。
　また個人事業主にとって、事業利益（収入 − 経費）の大小は、経済力のバロメーターでもあります。
　税金を減らすがために経費を増やすほど利益は小さくなり、社会的信用が得られず、住宅ローンなどの審査にも悪影響を及ぼしかねません。
　税額を抑えたいのなら、**「経費」を増やすより先に「控除」を活用できないか検討**してください（5-02で詳しく解説します）。

5-02 所得から差し引ける所得控除の種類は？

税金を安くするためには所得控除ってやつを活用すべし！って言っていましたよね。それは、どうやったら使えるんですか？

養っている家族がいるとか、医療費がたくさんかかっているとか、特定の条件に当てはまっていれば使えますよ。

■ 税負担を軽減するための所得控除

　所得控除とは、所得税を計算する際に一定の金額を所得から差し引いて、**所得税の負担を軽減するための制度**です。

　子どもや配偶者を養っている人は単身の人に比べて生活費の負担が重くなりがちなので、税負担を和らげる（**配偶者控除・ひとり親控除**）。

　病気がちな人は医療費の負担が重くなりがちだから、税負担を和らげる（**医療費控除**）。

　そういった趣旨で各種の制度が設けられています。

　所得控除には、大きく分けて2つのカテゴリーがあります。

> ❶ **人的控除** 本人や家族の状況を考慮したもの
> ❷ **物的控除** 本人が支出する特定の生活費を考慮したもの

　次の表は所得控除の一覧です。それぞれの控除について、法律で定められた控除額の計算式や対象者を簡潔にまとめています。

　対象になりそうな控除があれば、詳しく調べてみましょう。

● 控除の名称と控除額、対象者・計算方法

分類	名　称	控除額	対象者、計算方法等
本人・家族系（人的控除）	基礎控除	0〜48万円	合計所得金額が2,400万円を超えると控除額が減り始め、2,500万円超で控除がなくなる
	障害者控除	27〜75万円	本人もしくは同一生計配偶者、扶養親族の障害の程度、同居の有無等によって控除額が変わる
	寡婦控除	27万円	離婚・死別によって単身となった女性で合計所得金額500万円以下の方が対象。離婚の場合、扶養親族がいることが条件
	ひとり親控除	35万円	性別にかかわらず、単身で子を育てる親で合計所得金額500万円以下の方が対象
	勤労学生控除	27万円	大学の学生等で、合計所得金額が75万円以下等の要件を満たす方が対象
	配偶者控除	0〜48万円	配偶者の合計所得金額が48万円以下の場合に対象。本人の所得金額と配偶者の年齢によって控除額が変わる
	配偶者特別控除	0〜38万円	配偶者の合計所得金額が48万円超133万円以下の場合に対象。本人と配偶者の所得金額によって控除額が変わる
	扶養控除	38〜58万円	扶養親族の合計所得金額が48万円以下の場合に対象。扶養親族の年齢と同居の有無によって控除額が変わる
支出系（物的控除）	雑損控除	損失の額に応じて一定額	自然災害、人為災害、虫害獣害、盗難・横領などが対象。詐欺や恐喝は対象外
	医療費控除	上限200万円	医療費の支払額−保険金等−10万円※を控除。 ※ 総所得金額等が200万円未満の場合、総所得金額等の5%
	セルフメディケーション税制	上限8.8万円	医療費控除の特例（併用不可）。 対象市販薬の購入額−1万2,000円を控除
	社会保険料控除	その年中に支払った社会保険料の額	国民健康保険、健康保険、介護保険、国民年金、付加年金、国民年金基金などが対象
	小規模企業共済等掛金控除	その年中に支払った掛金の額	小規模企業共済、iDeCoなどが対象
	生命保険料控除	上限12万円	生命保険、介護医療保険、個人年金保険などが対象
	地震保険料控除	上限5万円	損害保険の地震等損害部分の保険料が対象
	寄附金控除	寄附金額−2,000円	国または地方公共団体（ふるさと納税含む）、財務大臣指定の法人・団体、公益増進法人、政党などへの寄附が対象

所得から差し引ける所得控除の種類は？　5-02

■ みんなが使える基礎控除

「**基礎控除**」は特別な手続きを必要とせず、会計ソフトで申告書を作れば自動的に適用されます。「基礎」の名を冠するだけあって、原則として満額適用されるものだからです。

基礎控除は、合計所得金額に応じて控除額が変動します。合計所得金額が2500万円以下の方であれば、いずれかの控除額を無条件に所得から控除することができます。

● 合計所得金額と基礎控除の金額

納税者本人の合計所得金額	基礎控除額
2,400万円以下	48万円
2,400万円超2,450万円以下	32万円
2,450万円超2,500万円以下	16万円
2,500万円超	0円

● 第一表「所得控除」欄

			社会保険料控除	⑬							
所得から差し引かれる金額			小規模企業共済等掛金控除	⑭							
			生命保険料控除	⑮							
			地震保険料控除	⑯							
			寡婦、ひとり親控除 区分	⑰〜⑱			0	0	0	0	
			勤労学生、障害者控除	⑲〜⑳			0	0	0	0	
			配偶者(特別)控除 区分1 区分2	㉑〜㉒			0	0	0	0	
			扶養控除 区分	㉓			0	0	0	0	
			基礎控除	㉔			0	0	0	0	
			⑬から㉔までの計	㉕							
			雑損控除	㉖							
			医療費控除 区分	㉗							
			寄附金控除	㉘							
			合計 (㉕+㉖+㉗+㉘)	㉙							

上記、合計所得金額に応じた基礎控除額を記入する

5日目
「所得控除」を最大限使って節税しよう！

163

5-03 配偶者や扶養家族がいる場合の所得控除

会社員時代に、パートさんが103万円の壁があるから年末はあまり働けないと言っていたのは、**配偶者控除**のことだったのですね。

そうですね。配偶者控除は給与年収103万円が上限です。その他の所得がある場合は注意が必要です。

■配偶者や家族を扶養している人の配偶者控除

申告する本人の所得合計金額が1,000万円以下で、**合計所得金額48万円以下（給与収入が103万円以下）の配偶者**を養っている場合には「**配偶者控除**」を受けることが可能です。その他の条件は以下の通りです。

- 他の申告者の扶養家族ではない
- 青色・白色申告の事業専従者ではない
- 民法上の配偶者（内縁関係は除く）で、申告者と生計を一にしている

配偶者の給与収入が100万円の場合

給与所得＝給与収入－給与所得控除＝100万円－55万円＝45万円

上記の場合、配偶者の合計所得金額は48万円以下になるので配偶者控除が受けられます。

気をつけなければならないのが、給与所得は103万円以下であっても、不動産所得などの給与以外の所得がある場合です。

配偶者や扶養家族がいる場合の所得控除　5-03

給与収入85万円、不動産所得20万円の場合

給与所得＝給与収入－給与所得控除＝85万円－55万円＝30万円

合計所得金額＝給与所得＋不動産所得＝30万円＋20万円＝50万円

この場合、合計所得金額が48万円超になるので配偶者控除が受けられません。

なお、老人控除対象配偶者（その年の12月31日現在で70歳以上の控除対象配偶者）に該当する場合は、最大48万円の控除額が適用されます。

● 配偶者控除額

申告者の総所得	配偶者控除額	老人控除対象配偶者額
900万円以下	38万円	48万円
900万円超950万円以下	26万円	32万円
950万円超1,000万円以下	13万円	16万円

配偶者特別控除

配偶者の年間所得が48万円を超えると、配偶者控除は受けられません。しかし、所得に応じて「**配偶者特別控除**」を受けられる可能性があります。

夫の所得900万円、妻の給与収入が110万円の場合

妻の給与所得＝給与収入－給与所得控除＝110万円－55万円＝55万円

上記の場合、合計所得金額は48万円超となり配偶者控除は受けられませんが、配偶者特別控除として**38万円の控除を適用可能**です。

● 配偶者特別控除額

配偶者の合計所得金額	申告者の合計所得金額		
	900万円以下	900万円超950万円以下	950万円超1,000万円以下
48万円超95万円以下	38万円	26万円	13万円
95万円100万円以下	36万円	24万円	12万円
100万円超105万円以下	31万円	21万円	11万円
105万円超110万円以下	26万円	18万円	9万円
110万円超115万円以下	21万円	14万円	7万円
115万円超120万円以下	16万円	11万円	6万円
120万円超125万円以下	11万円	8万円	4万円
125万円超130万円以下	6万円	4万円	2万円
130万円超133万円以下	3万円	2万円	1万円

5日目
「所得控除」を最大限使って節税しよう！

扶養控除

配偶者以外にも、**16歳以上の子どもや両親等の親族を養っている場合**、その親族が次の条件にあてはまれば控除を受けることができます。

- 6等親以内の血族・3等親以内の姻族等
- 申告者と生計を一にする（離れて暮らす両親・一人暮らしの学生の子どもなども仕送りによって生活を維持していれば対象）
- 青色・白色申告の事業専従者ではない
- 適用年度の合計所得金額が48万円以下

控除できる金額は、年齢や同居の有無で以下のようになります。

区分	扶養控除の控除額
一般の扶養親族（16歳未満の子を除く）	38万円
特定扶養親族（19歳以上23歳未満）	63万円
老人扶養親族（70歳以上で別居）	48万円
老人扶養親族（70歳以上で同居）	58万円

● アルバイトをしている高校生は対象外？

16歳から23歳未満の親族の中には、アルバイトで収入を得ている方も多くいるでしょう。この場合、配偶者控除と同様に合計所得金額が48万円以下（給与収入103万円以下）であれば、**扶養控除**を使うことができます。

アルバイトの収入合計が103万円

給与所得＝給与収入－給与所得控除＝103万円－55万円＝48万円

うっかり103万円を超えてしまった場合は、扶養控除を受けることができません。

ただし、給与収入が130万円以内であれば、子ども自身が年末調整もしくは確定申告で**勤労学生控除**を利用することで、自身の所得税をゼロにできます。

アルバイトの収入合計が150万円

子の課税所得＝給与収入－給与所得控除－勤労学生控除－基礎控除
＝130万円－55万円－27万円－48万円＝0円

● freee会計の所得控除入力画面

● やよいの青色申告オンラインの所得控除入力（確定申告書の入力「4.所得控除」）

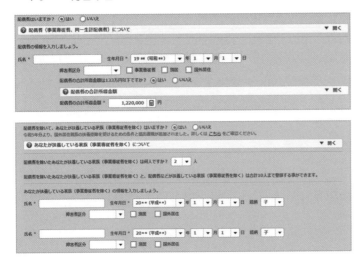

高額の医療費を支払った場合の医療費控除

この冬にスキーで骨折し入院してしまい出費がかさみ税金を払えるか不安です。

医療費がかさんだのであれば、医療費控除を使うといいですよ。家族の分も含めて計算できますよ。

■家族と併せて10万円を越えたら医療費控除が使える

　1年間の医療費が10万円（総所得金額等が200万円未満の場合、その総所得金額等の5％）を超えた場合、医療費控除の適用を受けられる可能性があります。

　医療費控除の対象となる医療費には、治療費や入院費だけでなく**病院までの交通費や介護保険の対象となる介護費**なども含まれます。

　また、生計を一にする**家族分の医療費（申告者が負担したもの）も合算**できます。控除額は最大200万円です。

　医療費控除の額は、次の計算式で求めます。

> 医療費控除額 ＝ 医療費総額 － 保険金等による補填額 － 10万円

■1年間の医療費をまとめる

　医療費控除の適用を受けるためには、「**医療費控除の明細書**」（170ページ）に1年分の医療費を整理記入し、確定申告書とともに税務署へ提出しなければなりません。

作成する際は、下記の資料を1年分用意します。

- 医療機関が発行した領収書
- 介護施設が発行した領収書（「医療費控除対象額」の記載があるもの）
- 医薬品を購入した際の領収書
- 通院費として公共交通機関に支払った金額がわかるもの（メモ書き等）
- 医療費を補填する保険金・給付金の額がわかるもの（支給通知書等）

記入に際しての注意点

医療費控除の適用を受ける場合、これらの資料を5年間保管することが義務づけられています。

税理士として多くの方の申告書を見た経験上、下記のような誤りが起きがちです。注意しましょう。

- 病気の予防や健康増進のための医薬品（ビタミン剤、精力剤等）の購入費を記入した⇒控除対象ではありません
- 自費診療（インプラントやレーシック）は対象外だと思い記入しなかった⇒控除対象です
- 審美目的の歯列矯正費用を記入した⇒控除対象外です。
  ※発育段階にある子供の成長を阻害しないために行う不正咬合の矯正は控除できます。
- ドラッグストアで購入した医薬品は控除対象でないと思い記入しなかった⇒控除対象です
- 通院に使用した自家用車のガソリン代や駐車場代等を記入した⇒控除対象ではありません
- 介護施設の利用料全額を記入した⇒医療費控除対象額のみが控除対象です

● 医療費控除の明細書の記載例

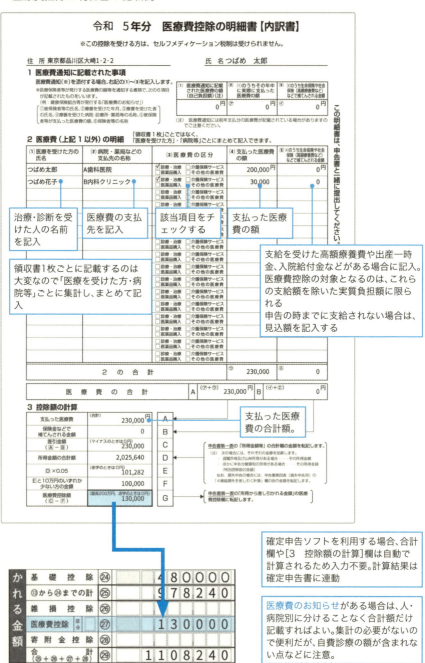

■ セルフメディケーション税制の対象になる医療費

セルフメディケーション税制とは、**医療費控除の特例**として2017年に始まった制度です。

従来の医療費控除は、年間の医療費が10万円を超える場合（原則）にのみ適用可能でした。セルフメディケーション税制は、健康管理に努めている方が**10万円もの医療費を支払っていなくても、一定の条件を満たせば控除を受けられるようにした制度**です。

ただし、通常の医療費控除とは併用できず、どちらか有利なほうを選択する必要があります。また、適用には次の条件をいずれも満たす必要があります。

---

❶ 予防接種や健康診断など、健康維持のための「一定の取り組み」を行っている

❷ 「セルフメディケーション税制対応医薬品」の購入額が、年間1万2,000円を超えている

---

❶は、**予防接種の領収書や健康診断書を証拠書類として残しておく**ことで満たせます。

❷は、**対応医薬品を購入した際の領収書**が必要です。1万2,000円を超えた部分の金額（最大8万8,000円）について所得控除が受けられます。

対応医薬品とは

セルフメディケーション税制の対象となるのは、処方薬から市販薬に転用された、いわゆる「**スイッチOTC医薬品**」です。その購入額が年間1万2,000円を超える場合、セルフメディケーション税制による医療費控除の条件を満たすことができます。

厚生労働省のホームページに掲載されている対象品目一覧によると、2024年6月現在で約2,800もの医薬品が対象となっています。対象となる医薬品の多くには、対象品であることを示すロゴがパッケージに記載され、購入時のレシートには★印がつけられています。

適用を受ける際は、★印のついた金額を購入先ごとに集計し「セルフメディケーション税制の明細書」に記入します。この明細書は医療費控除と同様に、確定申告書とともに税務署へ提出が必要です。

5-05 民間の保険に入っている場合―生命保険料、地震保険料控除

生命保険などに入っているときは、何か控除がありますか？

はい！ 生命保険控除、地震保険料控除というのがあり、所得から控除することができますよ！

■生命保険料控除

「**生命保険料控除**」とは、申告者が**生命保険や介護・医療保険、個人年金保険の保険料を支払った場合**に受けられる控除制度です。保険金の受取人が保険料の支払者または配偶者等の親族である一定の契約が対象で、契約者が誰であるかは要件とされていません。

控除額の計算式と限度額は、平成23年（2011年）以前に契約した保険（旧契約）と平成24年（2012年）以降に契約した保険（新契約）で異なります。

新契約	
年間の払込額	控除額
2万円以下	払込額と同額
2万超4万円以下	払込額÷2+1万円
4万円超8万円以下	払込金額÷4+2万円
8万円超	4万円

旧契約	
年間の払込額	控除額
2万5,000円以下	払込額と同額
2万5,000円超 5万円以下	払込額÷2+1万2,500円
5万円超10万円以下	払込金額÷4+2万5,000円
10万円超	5万円

※生命保険、介護医療保険（新制度のみ）、個人年金保険の3区分ごとに控除額を計算し、合計する。

新旧契約の組み合わせによって控除額の合計は最大14万円になりますが、この制度で受けられる控除額の上限は12万円です。

	旧制度	新制度	採用する控除額
生命保険料控除	5万円	4万円	5万円
個人年金保険料控除	5万円	4万円	5万円
介護医療保険料控除	なし	4万円	4万円

　11月頃に、保険会社から送られてくる**保険料控除証明書**を見ると、どの保険にいくら使っているかがわかります。

　この保険料控除証明書は確定申告の際に必要になるので、失くさないように適切に保管しましょう。

■ 地震保険料控除

地震保険の保険料を支払った場合に使える制度です。

　対象となるのは、本人や同居の親族等が所有する建物・家財を対象とする地震保険契約と旧長期損害保険契約の保険料です。

　旧長期損害保険とは、平成18年以前に契約した損害保険のうち一定の条件に当てはまるものです。

　控除対象となる保険に加入している場合には、保険会社から控除証明書が発行されます。

地震保険契約	
年間の払込額	控除額
5万円以下	払込額と同額
5万万円	5万円

地震保険契約	
年間の払込額	控除額
1万円以下	払込額と同額
1万円超2万円以下	払込額÷2+5,000円
2万円超	1万5,000円

※両方の契約がある場合は控除額を合算できるが、5万円が控除上限

自宅兼事務所の場合

　自宅を事務所として兼用している場合は、家事按分（150ページ）を行い保険料のうち自宅部分のみを控除対象とします。

　事務所部分については、必要経費として「**損害保険料**」等の勘定科目で必要経費として計上します。

5-06 台風や地震・火事・盗難に遭った場合の雑損控除

この前の台風で家の一部が壊れて、結構な出費がありました。何か救済策はないでしょうか？

台風や地震などの災害での出費であれば、雑損控除が受けれるかもしれません。

■異常損害を考慮した控除制度

雑損控除とは、震災や風水害などの自然災害、火災などの人災、虫害や獣害、盗難・横領によって、**生活に必要な住居や家財、車両などが損害を被った場合に適用できる制度**です。

事業用の固定資産や在庫、別荘や30万円超の貴金属等の生活に通常必要でない資産に生じた損害は対象外です。

また最近多発するクレジットカードの不正利用による被害や、詐欺、恐喝、霊感商法による損害も対象になりません。

控除額の計算方法は次の通りです。❶❷の大きい金額の方を適用します。

> ❶（損害額＋災害等関連支出の額－保険金等の額）－（総所得金額等）×10％
> ❷（災害等関連支出の金額－保険金等の額）－5万円

❶**損害額**は被災資産の時価に基づきますが、通常は国税庁が公表する「損失額の合理的な計算方法」により計算します。

❷**災害等関連支出**は、瓦礫の除去や原状回復費用（損失額を除く）等を指します。確定申告の際に領収書等が必要になるので保管しておいてください。

なお、その年に控除しきれない金額は3年間繰り越して控除できます。

5-07 フリーランスにオススメの「小規模企業共済」で節税！

フリーランスの方につよくオススメしている節税策があるのですが……。知りたいですか？

聞きたいに決まってるじゃないですか！もったいぶらずに教えてくださいよ！

■ 老後・廃業の備えと節税を両立！

フリーランスは会社員と異なり退職金がありません。**老後資金の蓄え**や**不慮の事故・病気等による廃業リスク**に対する補償は、自分で準備する必要があります。

そこでオススメなのが、将来の補償を用意しながら同時に税の負担を抑えられる次の２つの制度です。

- 小規模企業共済
- iDeCo（個人型確定拠出年金）

どちらの制度も入口（掛金の支払い時）と出口（共済金・給付金の受取り時）の両方で税制優遇があり、非常に高い節税効果を発揮します。

■ メリットだらけの小規模企業共済

小規模企業共済は、一般に「**事業主の退職金積み立て**」と称される共済です。

掛金は全額「小規模企業共済等掛金控除」の対象となるため、**支払った年の税負担を軽減できます**。つまり、将来の補償を蓄えながら現役時代に節税効果を受けられるのです。

さらに、積み立てたお金を受け取る際も税の優遇があります。

一括受取りの場合は「**退職所得**」、分割受取りの場合は「**公的年金等に係る雑所得**」として課税され、いずれも一定額まで非課税なのです。

掛金も細かく設定できる

掛金は月額1,000円から500円単位で設定でき、最大7万円まで増やすことが可能です。

任意のタイミングで増額・減額できるので資金繰りが悪化したときも安心です。また、事業の成長に合わせた段階的な増額にも対応できます。

1年分の掛金の一括前払いも可能なので、所得調整に使われることも少なくありません。例えば、**思いのほか利益が出た年末近くに、限度額84万円（＝7万円×12か月）を一括で支払う**、といった活用法があります。

減税効果

減税効果を具体例で確認しましょう。

所得金額が500万円の年に、小規模企業共済の掛金を84万円支払ったとします。

この場合、所得控除により課税所得が84万円減少し、下記の合計で25万2,000円の税額軽減が見込めます。

- 所得税：16万8,000円（84万円 × 所得税率20%）
- 住民税：8万4,000円（84万円 × 住民税率10%）

このように、積立をしながら毎年大きな減税効果を得られるため、非常に効果的な節税策といえます。

なお、将来受け取る共済金の額と節税効果については、制度を運営する中小機構のホームページにある「加入シミュレーション」で試算できます。

中小機構ホームページ内の「加入シミュレーション」
https://www.smrj.go.jp/skyosai1/simulator/index.php

加入や掛金変更の手続きは商工会・商工会議所などの窓口で行えます。さらに、2023年9月からはオンラインでの手続きも可能になり、利便性が大幅に向上しています。

■ 小規模企業共済のデメリットとその回避方法

小規模企業共済には下記2点のデメリットもあるので注意してください。

> ❶ 共済金の受取り請求は基本的に、廃業・死亡・65歳以上で180か月以上払込のケースに限られる（個人事業主の場合）
>
> ❷ 上記以外の任意解約は可能だが、掛金を支払った月数が12か月未満だと掛け捨てになり、240か月未満だと元本割れする

これらのデメリットは次のような方法で回避することができます。

> ❶ 「貸付制度」があり、払込月数に応じて事業資金を借り入れできる。有利子かつ返済義務はあるものの、解約前の引き出しが実質的に可能
>
> ❷ 掛金額の大小は関係ないため、最低金額1,000円で支払いを継続すれば払込月数の要件をクリアできる

いずれも、払込月数の多さが重要な要素です。少額でもかまいませんので、早めに加入して払込月数を積み上げることをお勧めします。

iDeCoと小規模企業共済ってどっちがいいの？

会社員時代の先輩がiDeCoが節税にいい！って言ってたんですが、どんな制度ですか？

iDeCoは「私的年金」といって、公的年金にプラスして老後の資産形成をできる制度ですね。こちらも節税効果は高いですよ。

■ iDeCoは、積み立て投資をしながら節税もできる

iDeCoは正式名称を「**個人型確定拠出年金**」といい、国民年金などの公的年金にプラスして年金を積み立てる制度です。20歳以上65歳未満の方が加入できます。

また公的年金とは異なり、掛金をどの商品で運用するかを自分で選択します。

運用する商品は、**元本確保型**を選んでリスクを抑えることも、株式型の投資信託などで**積極的にリスクをとって資産形成**することもできるのです。
加入手続きは証券会社や銀行、保険会社などの金融機関で行います。

iDeCoでは、原則60歳になると**一括（退職所得扱い）もしくは分割（公的年金等に係る雑所得扱い）で受け取る**ことができます。

iDeCoと小規模企業共済の違い

iDeCoと前出の小規模企業共済とは、似ているようで結構違います。
同じ点と違う点を次ページの表にまとめました。

● iDeCoと小規模企業共済の違い

比較項目	小規模企業共済	iDeCo（フリーランスの場合）
所得控除の種類	小規模企業共済等掛金控除	
運用益への課税	なし	
受取時の課税	一時金：退職所得　　年金：公的年金等に係る雑所得	
満期	なし（廃業または死亡まで）	原則60歳から受給開始
掛金月額	1,000円から500円単位で7万円まで	5,000円から1,000円単位で6万8,000円まで
付加年金・国民年金基金を併用する場合の掛金上限	制約なし	付加年金：月67,000円に減額される国民年金基金：両方合わせて月68,000円まで
月額の変更	任意に可能	年1回のみ可能
掛金の中断	基本的に不可能	可能（口座維持費はかかる）
受取時期	廃業・65歳以上・死亡	60歳以上・高度障害・死亡
任意の中途解約	可能	不可能
掛金の運用方法	選べない	選べる
元本割れ	払込月数240月未満で任意解約した場合のみ	選択した商品の運用成績による
貸付制度	あり	なし
手数料	なし	口座開設費：2,829円口座維持費：月171円〜

　定年がなく事業リスクにさらされがちなフリーランスにとっては、小規模企業共済のほうが圧倒的に使いやすくリスクコントロールにも役立ちます。

　そのため、どちらを優先しようか迷っている方については、次の順で取り組むことをおすすめします。

❶ 少額で構わないので、まずは小規模企業共済へ加入して払込月数を稼ぐ
❷ 資金余力に応じて小規模企業共済の掛金を増額する
❸ 余剰資金がある場合、投資リスクを取りたい場合はiDeCoへも加入する

5-09 お得なふるさと納税で使える寄附金控除

ふるさと納税をすると、食材や日用品などが貰える上に節税にもなって、とってもお得だと聞いたのですが……。

誤解されがちですが、あれは「お得」ではあっても「節税」ではないんです。

■ 寄附をしたときの寄附金控除

国によって認定された団体等への寄附金には、「**寄附金控除**」を適用できます。

ふるさと納税は、この寄附金控除を利用した制度です。対象となるのは、次のような相手への寄附です。

- 国や地方公共団体
- 学校や社会福祉法人など
- 財務省指定の公益法人、特定公益増進法人、認定NPO
- 政党、政治資金団体など

控除額は、次のいずれか少ないほうから2,000円を差し引いた金額です。

❶ その年に支出した特定寄附金の額の合計
❷ その年の総所得金額の40%

確定申告の際には、**寄附金の受領証等が必要**になります。

多くの自治体に寄附をしている場合、寄附するごとに発行される受領証に代えて、ふるさと納税ポータルサイトが発行する「**寄附金控除に関する**

証明書」を添付することもできます

　なお、受領証が発行されない駅前の街頭募金やスーパーの募金箱は控除できません。

■ ふるさと納税ってどんな仕組みなの？

　CMなどでもよく紹介されている**ふるさと納税**は、本来なら自分が住んでいる自治体に払う予定の税金の一部を、任意の都道府県や市町村に寄附する制度です。多くの場合、寄附の見返りとして地場産品などの返戻品を受け取ることができます。

　寄附した金額は、寄附金控除の対象として申告でき、所得税と住民税を軽減することができます。

よくあるふるさと納税の誤解

節税ではない

　所得税・住民税を軽減できると聞くと節税策であるように思えてしまいますが、これは誤解です。

　例えば27,000円のふるさと納税をすると、そこから2,000円を引いた25,000円が所得税・住民税から減額されます。結果、差引き2,000円の支出が生じるため、節税にはならないのです。

　ただし返礼品として**寄附額の約3割（27,000×0.3＝8,100）相当を上限とした返礼品を貰える**ため、差額の6,100円だけ得するという制度です。

控除には限度がある

　ふるさと納税には控除限度額があるため、それを超過するほどの寄附を行っても寄附金控除は受けられません。

　ふるさと納税の控除限度額は以下の式で求めることができます。

$$控除限度額 = \frac{個人住民税所得割額 \times 20\%}{100\% - 住民税基本分10\% - (所得税率 \times 復興税率1.021\%)} + \begin{array}{c}負担金\\+2,000円\end{array}$$

　計算が複雑なので、**ふるさと納税ポータルサイトのシュミレーション**の利用をおすすめします。

● 楽天ふるさと納税のかんたんシミュレーター

　昨年と所得などに大きな変化がない場合は、昨年のデータを入力して、どれくらい寄附できるかを確認することができます。

　この際、今年度に特別な控除（医療費控除など）が発生している場合は注意が必要です。

　ふるさと納税は、限度額を超えてしまうと、**その超過分は丸々自己負担**になってしまうので、慎重に計算しながら行いましょう。

フリーランスや個人事業主はワンストップ特例が使えない

　会社員などで確定申告の義務がなく、**寄附先が5自治体以内**の方は、**ワンストップ特例制度を利用**することで確定申告を省略することができます。

　ただし、フリーランスや個人事業主は確定申告が必要なので、**ワンストップ納税の制度を利用できません**。

　ふるさと納税を行った際は、必ず確定申告で寄附金控除の計算を行ってください。

5-10 執筆や作曲するなら必須！平均課税ってなに？

フリーランスの中でも執筆や作曲で稼ぐ方に、とっておきの減税策がありますよ！

とっておき！
そういうのを聞きたかったです！

「平均課税」といいまして、**所得が急増した年度の税負担を和らげる特別ルール**があるんです。

■ 変動所得に使える節税対策

平均課税とは、**ある年度にたまたま所得が増えた場合の税負担を和らげるために設けられている制度**です。

16ページでお伝えしたとおり、所得税は**累進税率**といって、所得が多いほど税率が高くなるよう設計されています。

したがって、次のような所得にまで普段どおりの税率を掛けると、その年だけ過度に税負担が高まる結果を招いてしまいます。

- 年度ごとに金額の変動が激しい所得（**変動所得**）
- たまたま、臨時的に発生する所得（**臨時所得**）

こうした一時的に所得が激増した場合の税負担を緩和するために、**通常の累進税率とは異なる税率を当てはめてよい**こととされているのです。

どのような所得が変動所得や臨時所得に該当するかは、法律で明確に定められています。ご自身の商売が変動所得もしくは臨時所得に該当するか、確認しましょう。

変動所得は、事業所得もしくは雑所得のうち以下に該当するものです。フリーランスの場合、**ライターや漫画家、音楽家などの職業**で❶もしくは❷の生じる可能性があります。

● 変動所得に該当するもの

> ❶ 原稿料、作曲料による所得
> ❷ 著作権の使用料（印税）による所得
> ❸ 漁獲やのりの採取による所得
> ❹ はまち、まだい、ひらめ、かき、うなぎ、ほたて貝、真珠、真珠貝の養殖による所得

もう1つの**臨時所得**は、**プロスポーツ選手の契約金や不動産事業者が受け取る権利金**などです。

フリーランスにとっては馴染みが薄いものですから、本書では解説を省きます。

■ 平均課税を使える条件

平均課税は、次の2つの条件をいずれも満たす場合に利用できます。

> ❶ その年の変動所得と臨時所得の合計が、同年の総所得金額の20％以上であること
> ❷ 前年と前々年に変動所得がないこと。もしくはその年の変動所得が前年と前々年の平均額を超えること

開業初年度は前年と前々年の事業所得がないでしょうから、❷の要件は必ず満たすこととなります。

執筆や作曲するなら必須！平均課税ってなに？　5-10

■ 平均課税を使った場合と使わなかった場合の比較

　平均課税では、まず**調整所得金額**とそれに対する**税額および平均税率**を計算し、次に特別所得金額に平均税率を乗じて税額を計算し、これらの税額を合算して最終税額を求めます。

　と、言葉で説明されてもわからないでしょうから、計算の具体例をみてみましょう。

例　開業1年目　課税所得500万円（うち変動所得300万円）

- 平均課税を使わなかった場合

  500万円×20％－42万7,500円＝57万2,500円
- 平均課税を使った場合

  （ア）500万円－300万円×4/5＝260万円 … ①調整所得金額

  （イ）260万円×10％－9万7,500円＝16万2,500円

  　　　　　　　　… ②調整所得金額に対する税額

  （ウ）②÷①＝6％ … ③平均税率

  （エ）500万円－①＝240万円 … ④特別所得金額

  （オ）④×③＝14万4,000円 … ⑤特別所得金額に対する税額

  （カ）②＋⑤＝30万6,500円

　この例では、**約26万円の所得税が減額**される結果となりました（住民税と事業税には平均課税の制度はないため、変化ありません）。

　もし適用することができれば、大きく税負担を減らしてくれる可能性があります。

　計算方法を詳しく知りたい方は、次ページの「変動所得・臨時所得の平均課税の計算書」をご覧ください。

■ 平均課税を使うための手続き

　平均課税を使うためには、次ページの「**変動所得・臨時所得の平均課税の計算書**」を記載して確定申告書に添付するとともに、その計算結果を確定申告書に書き戻す必要があります。

5日目

「所得控除」を最大限使って節税しよう！

185

計算が複雑な上作業も多いので、実行される際は税理士や税務署へ相談されることをおすすめいたします。

● 変動所得・臨時所得の平均課税の計算書

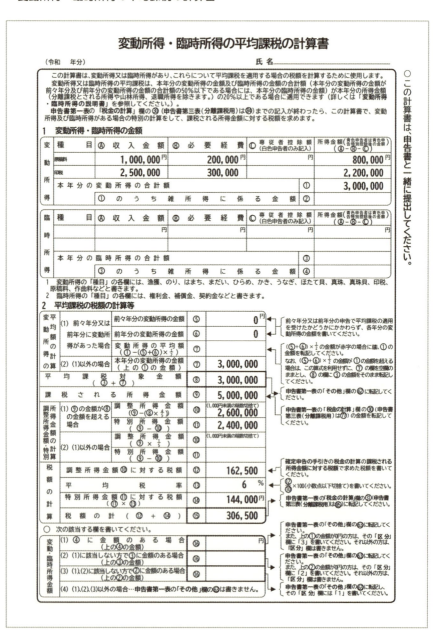

6日目

会計ソフトで確定申告の書類を提出しよう

売上や経費の登録、各種の所得控除についても学んできました。いよいよ、確定申告書類の提出段階です。確定申告の期間は、2月16日から3月15日までの間です。この期間に、忘れずに申告するようにしましょう。

6日目では、会計ソフト・freee会計とやよいの青色申告オンラインを使った電子申告の方法を学んでいきます。

6-01 確定申告の準備をしよう

売上と経費の入力がぜんぶ終わりました！
次はいよいよ、確定申告ですね。

おつかれさまでした！ それでは、まずは確定申告の必要書類を集めるところから始めましょう。

■ 確定申告のために必要な書類

確定申告書類を作成するには、事前の準備が欠かせません。

申告書に記載する内容には、第三者が発行した証明書や領収書などから書き写す項目がたくさんあるためです。

それらの書類の中には税務署へ提出が必要なものや、保管が必要なものもあります。どのようなものが必要になるか、解説します。

本人確認のための書類を用意しよう

本人確認のため、**マイナンバー（個人番号）** と **身分証** が必要になります。マイナンバーカードの有無に応じて、次の書類を用意してください。

● 本人確認のための書類

マイナンバーカードがある場合	マイナンバーカードがない場合
マイナンバーカードの表面・裏面の写し	マイナンバーがわかる書類 （通知カード、住民票の写しなど） and 身分証（運転免許証、保険証など）

確定申告の準備をしよう **6-01**

所得確認のための書類

　事業所得以外の所得（給与収入や譲渡収入など）がある場合には、収入金額と経費がわかる資料を用意しておきましょう。下記はその一例です。

独立開業前に企業に勤務／開業後にアルバイトをした	勤務先が発行した給与所得の源泉徴収票
仮想通貨・FX・先物取引による収入がある	年間の取引履歴、実現損益が分かる書類（年間取引報告書、取引履歴データ等）
30万円を超える金地金・宝石・書画骨董の譲渡、会員権等の譲渡による収入がある	収入金額と取得費、売却手数料がわかる資料
事業以外の副収入（売電収入など）がある	金額と支払者、必要経費、源泉徴収税額がわかる資料
生命保険や損害保険の満期返戻金がある	保険会社が発行した支払明細書等

控除額確認のための書類

　確定申告で**各種控除**（162ページ参照）の適用を受けようとする場合には、その控除額を証明するための書類を用意します。下表はその代表的なものです。ご自身に当てはまるものを揃えておきましょう。

● 控除額確認のための書類

社会保険料控除	控除証明書、領収証、支払額を集計したメモなど
小規模企業共済等掛金控除	小規模企業共済等掛金控除証明書
生命保険料控除	生命保険料控除証明書
地震保険料控除	地震保険料控除証明書
寄附金控除	寄附金の受領証明書
医療費控除	・医療費の領収証 ・健保組合等から届く医療費通知 ・予防接種の領収証もしくは接種証明書、健康診断等の結果通知書（セルフメディケーション税制を適用する場合）
配偶者控除、扶養控除	控除対象者のマイナンバーがわかる書類
障害者控除	障害者手帳など

　また、これらの書類には法律で**保管期間の定め**があるものもあります（詳しくは115ページ）。確定申告が終わっても、すぐに捨てたり失くしたりしないように気をつけましょう。

6日目
会計ソフトで確定申告の書類を提出しよう

189

6-02 電子申告（e-Tax）のメリット

そういえば、開業届を出したあとに税務署から届いたチラシに「確定申告するならe-Tax！」って書いてあったんですが、あれってなんですか？

e-Taxというのは、税務署の**各種手続きをオンラインで行えるシステム**のことですね。
メリットが多いので私の事務所でも使っていますし、お客さまへも積極的にオススメしていますよ。

■ 確定申告の種類と電子申告のメリット

申告書の提出には、3つの方法があります。

> ❶ 手書きまたは印刷して税務署へ持参
> ❷ 手書きまたは印刷して税務署へ郵送
> ❸ 電子申告（e-Tax）

なかでも紙提出では得られない複数のメリットがある**❸電子申告（e-Tax）をおすすめ**します。
具体的には、次のような利点が挙げられます。

書類の提出がオンラインで完結する

e-Taxではオンラインで各種書類の提出が完結するため、申告書類を紙に印刷したり、税務署へ郵送または持参したりする必要がありません。
またシステムの稼働時間内であれば、いつでも申告書類の提出ができます。特に確定申告の時期（毎年1月初旬～3月15日）はメンテナンス時間を除いて、土・日・祝日を含む毎日、24時間利用可能です。

電子申告(e-Tax)のメリット **6-02**

控除証明書などの添付を省略できる

e-Taxを利用すると、税務署へ提出する書類を減らせます。**添付書類の提出を省略できる**ためです。

かつて確定申告書を提出する際には、各種の証明書類の原本もしくはコピーを併せて提出する必要がありました。

ところが、e-Taxでは手続きが簡素化されており、**提出を省略することが可能**なのです（提出は不要ですが、保管は必要です）。

具体的には、下表のような書類の添付が不要になります。

● **提出を省略できる書類**

①	給与所得者の特定支出の控除の特例に係る支出の証明書
②	個人の外国税額控除に係る証明書
③	雑損控除の証明書
④	医療費通知（医療費のお知らせ）
⑤	医療費に係る使用証明書等（おむつ証明書など）
⑥	セルフメディケーション税制に係る一定の取組を行ったことを明らかにする書類
⑦	社会保険料控除の証明書
⑧	小規模企業共済等掛金控除の証明書
⑨	生命保険料控除の証明書
⑩	地震保険料控除の証明書
⑪	寄附金控除の証明書
⑫	勤労学生控除の証明書
⑬	住宅借入金等特別控除に係る借入金年末残高証明書（適用2年目以降のもの）
⑭	特定増改築等住宅借入金等特別控除（バリアフリー改修工事）に係る借入金年末残高証明書（適用2年目以降のもの）
⑮	特定増改築等住宅借入金等特別控除（省エネ改修工事等）に係る借入金年末残高証明書（適用2年目以降のもの）
⑯	特定増改築等住宅借入金等特別控除（多世帯同居改修工事）に係る借入金年末残高証明書（適用2年目以降のもの）
⑰	政党等寄附金特別控除の証明書
⑱	認定NPO法人寄附金特別控除の証明書
⑲	公益社団法人等寄附金特別控除の証明書
⑳	特定震災指定寄附金特別控除の証明書

還付金の入金が早くなる

確定申告をした結果、源泉徴収されていた所得税などが戻ってくることもあります（**還付金**といいます）。

e-Taxは、還付金を受け取る際も有利です。紙での提出と比較して、還付金が入金されるまでに要する期間が短くなるためです。

- 書面提出：1ヶ月から1ヶ月半程度
- e-Tax：3週間程度

青色申告特別控除が55万円→65万円に

e-Taxを利用すると、青色申告の特典である「**65万控除**」（詳しくは52ページ）を受けるための要件を容易に満たせます。65万円控除は、次のどちらかに対応した場合にのみ受けられるためです。

❶ 電子申告（e-Tax）を行う
❷ 優良な電子帳簿の要件を満たして会計データを保存し、申告期限までに税務署へ所定の届出書を提出する

紙で申告書を提出する場合、65万円の控除を受けるためには❷に対応する必要があります。

こちらは使用する会計ソフトが要件に対応していなければならず、税務署への届出も求められるなど、e-Taxと比べて手続きが煩雑になります。

freee会計、マネーフォワードクラウド確定申告、やよいの青色申告デスクトップ版は❷の紙提出に対応していますが、やよいの青色申告オンラインは非対応です。

納付方法の選択肢が増える

e-Taxを利用すると、納付の手続きも便利になります。

6つある国税の納付方法（詳しくは213ページ）のうち、紙提出だと利用できない**ダイレクト納付**と**インターネットバンキング等**を選択できるためです。

6-03 ステップ❶ freee会計で基本情報を入力しよう

確定申告書の見本をネットで見たのですが、記入欄の数がたくさんで、手書きするのは絶対ムリだと思いました。

税理士である私でも、手書きはできればやりたくないですね。でもfreeeでは**ガイダンスにしたがって少しずつ必要項目を入力**をしていくので、手書きと比べて負担感なく申告書を作成できますよ。

■ 基本情報の入力

freee会計では、次の4つのステップを進めて確定申告を行います。

> ① 基本情報の入力
> ② 収支情報の入力
> ③ 作成された申告書類の確認
> ④ 申告書類の提出

まずは基本情報の入力からはじめましょう。

❶ 確定申告書類の作成画面を開く

Step 1 ［確定申告］メニューから［確定申告書類の作成］を選択します

初めて開いた場合、確定申告の流れに関する案内が表示されます。ひと通り確認したら、［ウィンドウを閉じる］をクリックしてください。

Step 2 ［ウィンドウを閉じる］をクリックします

クリックします

❷ あなたの住所を入力しましょう

確定申告書類に記載する現住所を入力します。

入力した住所から、所轄の税務署が自動で抽出されます。該当するものを選んでください。

下記のいずれかに該当する場合は、チェックボックスにチェックを入れたうえで、それぞれの住所を追加入力します。

- 現住所と、その年の1月1日時点での住所が異なる場合
- 自宅とは別に事業所などを持っている場合

● 確定申告書類に記載する現住所を入力します

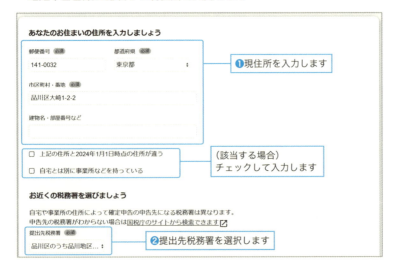

❸ あなたの情報を入力しましょう

　名前や生年月日など、申告者本人の情報を入力します。

　寡婦控除やひとり親控除、障害者控除（詳しくは162ページ）を適用する場合などには、該当箇所にチェックを入れます。

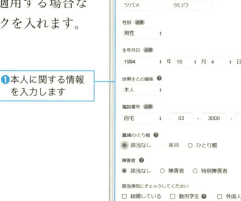

❶本人に関する情報を入力します

❹ お仕事の種類を選びましょう

　確定申告書類に記載する業種・業務内容を入力します。通常は、開業届に記載したものと同じです。

　［申告する内容を選んでください］の各項目にチェックを入れると、連動して自分に関係ある入力項目だけが次のステップに表示されます。

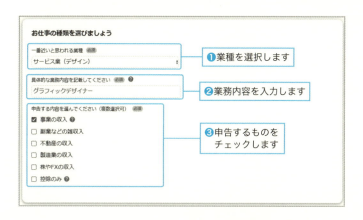

❶業種を選択します
❷業務内容を入力します
❸申告するものをチェックします

❺ 申告書について入力しましょう

　申告書の提出方法と申告区分、控除額を設定します。
　電子申告を行う場合には65万円控除を選択できますが、紙に印刷して税務署へ郵送もしくは持参すると、原則として**控除額が55万円に減ってしまいます**。

● 申告書の提出方法と、青色申告の場合はその控除額を入力します

❻ 開業日や屋号を入力しましょう

　開業届に記載した開業年月日と屋号を入力します。屋号がない場合は空欄で構いません。入力が終わったら［保存して次に進む］をクリックしてください。

● 開業日と屋号を入力します

ステップ❷ freee会計で収支情報を入力しよう

なんか「確定申告書を作っている」っていう感覚がないですね。これなら何とかなりそうな気がしてきました。

いいですね！
それでは引き続き「収支」の入力を進めましょう。

■収支情報の入力

収支のステップは、大きく前半と後半に分かれています。

> 前半：入力が正しく行われているか、入力漏れがないかを確認する
> 後半：一問一答形式で、申告書の作成に必要な事項を入力する

■前半：記帳内容のチェックと修正

売上や仕入、経費、利益を集計した総額が表示されます。誤りがないか確認しましょう。

［決算書を確認する］をクリックすることで、自動作成された青色申告決算書を見ることもできます。

Step 1 ［決算書を確認する］をクリックします

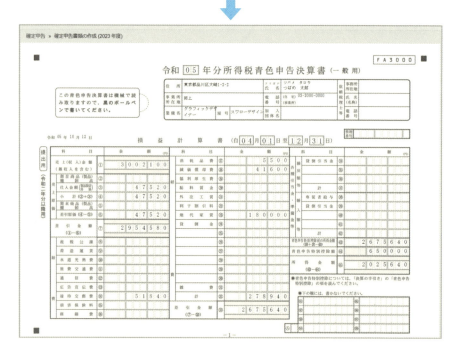

表示されるガイダンスを確認し、必要があれば修正や追加を行ってください。

ステップ❷　freee会計で収支情報を入力しよう　6-04

6日目
会計ソフトで確定申告の
書類を提出しよう

Step 2　ガイダンスを確認し、必要があれば修正や追加をします

取引に事業以外の収入が混じっていませんか？

会社給与、雑所得、配当所得、一時所得、株式、FX、仮想通貨による収入を取引に入力している場合、該当の取引を削除し、収支
ステップより入力してください。

取引一覧を見る（収入）　>

取引に事業以外の支出が混じっていませんか？

取引では、事業にかかる経費・仕入れを入力します。プライベートで利用した支出を登録している場合は、勘定科目を「事業主貸」
に変更しましょう。
プライベート支出の記帳方法 [>]

取引一覧を見る（支出）　>

取引の重複がありませんか？

取引登録時に自動で重複チェックを行う [>]

取引一覧を見る（重複チェック）　>

勘定科目を間違えていませんか？

取引で登録した勘定科目に間違いがないか確認しましょう。登録した取引を修正、削除する [>]
勘定科目の選定に迷ったら取引入力ナビを活用頂けます。取引入力ナビ [>]

取引一覧を見る　>

Step 3　明らかな未入力や異常値がある場合には、教えてくれます

2023年4月1日時点の残高を入力しましょう ❓

開業した時点での残高を設定しましょう。

開始残高ページへ

固定資産の残高を確認しましょう

固定資産の登録に一部誤りがあります。 今期に固定資産を取得した場合は、「固定資産台帳」と「取引」に、期首日よ
り前の固定資産を取得した場合は「固定資産台帳」と「開始残高」に固定資産を登録する必要があります。 以下の案内
に従って固定資産の登録をしてください。

固定資産を取引や開始残高に登録しましょう

固定資産を保有している場合、固定資産台帳に登録するだけでなく、取引または開始残高の登録をする必要がありま
す。
取得日が今期の固定資産は「取引」に、取得日が期首日より前の固定資産は「開始残高」に登録しましょう。

取引登録方法を確認する　　開始残高登録方法を確認する

勘定科目	固定資産台帳の 登録金額	取引 / 開始残高	取得年	
1. 開業費	330,000 円	未登録	2023年	330,000 円を開始残高に登録する
2. 一括償却資産	124,800 円	未登録	2023年	124,800 円を開始残高に登録する

現金の残高を登録しましょう

現金の残高がマイナスになっています。マイナス分を振替伝票で処理しましょう。ヘルプはこちら [>]

振替伝票へ

税理士としてお客さまご自身で入力した内容を確認すると、次のような項目がよく異常値になっています。必ず確認し修正を行ってください。

● 異常値の例

異常値	修正方法
「現金」の残高が異常に多い、もしくはマイナスになっている	多くのケースで、プライベートな財布から支払った経費を「現金」で処理していたり、プライベートな財布から銀行口座への預け入れを「現金」で処理していたりすることが原因になっています。 プライベートな財布からの入出金は「現金」ではなく「プライベート資金」を使ってください。
「売掛金」「未収入金」「買掛金」「未払金」の残高に、入金済・支払済の金額が残っている	多くのケースで、発生時と入出金時の両方で売上や経費が二重登録されていることが原因になっています。 「3-09 売上はどうやって登録する？」「3-11 経費はどうやって登録する？」を参考に、正しく取引登録してください。
固定資産の残高に誤りがある	多くのケースで、減価償却を行う固定資産が取得されているのに、固定資産台帳へ登録していない（もしくは登録が間違っている）ことが原因です。 「4-02 高額な機材を買えばたくさん経費にできる？」「4-03 減価償却を短期間にして早く経費化したい！」を参考に、正しく入力してください。

■ 後半：申告に必要な情報を入力する

一問一答式で、所得控除などの確定申告に必要な事項を入力します。

該当するものがあったら、○をクリックしてください。詳細欄が開いて入力できるようになります。該当しないものについては×をクリックしてください。

Step 1 該当するものについては、[○はい]をクリックします

Step 2 詳細欄に必要事項を入力します

❓マークにマウスポインタを合わせると、簡単な説明が表示されます。加えて、国税庁のホームページやfreeeのヘルプページへのリンクも随所に設置されています。これらを確認しながら作業を進めてください。

Step 3 わからない項目で出たら、ヘルプページで確認する

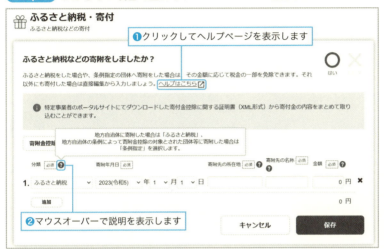

Step 4 すべての入力が終わったら、ページ最下部の[次に進む]をクリックします

ステップ❸ freee会計で作成された申告書類を確認しよう

おー、書類ができてますね！ こうして見ると、けっこう空欄が多いんですね。

そうそう、**全部を埋める必要はない**んです。だからこそ、freeeのステップ型入力は効率的なんです。

　freee会計で確定申告を行うと、一問一答形式で答えていくと、簡単に必要な部分だけが、埋まるようにできているのでとても便利です。

■作成された申告書類の確認

　これまでのステップで入力した内容に基づいて、申告書類が作成されます。

　ページ上部に書類がプレビュー表示されるので、クリックして内容を確認してください。

　修正・追加の必要な箇所があれば、前のステップに戻って入力し直します。

ステップ❸ freee会計で作成された申告書類を確認しよう 6-05

Step 1 作成した申告書を確認します

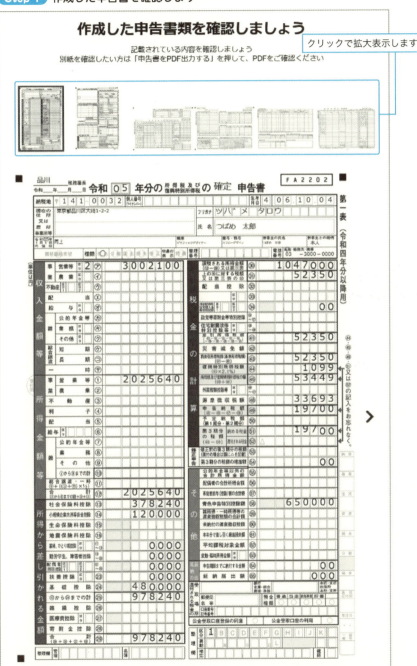

書類を出力したい場合は［申告書をPDF出力する］をクリックしてください。

記載される内容は、直接編集することもできます。ここまでのステップ入力で表示されなかった項目がある場合には、［直接入力編集へ］をクリックして編集します。

Step 2 書類を出力したい場合は［申告書をPDF出力する］をクリックします

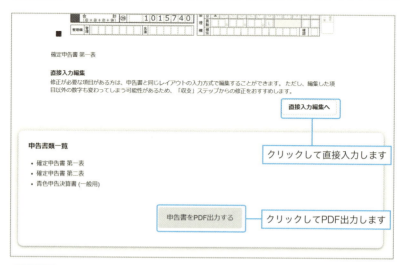

Step 3 直接入力編集の画面で確認ができたら、ページ最下部の［次に進む］をクリックします

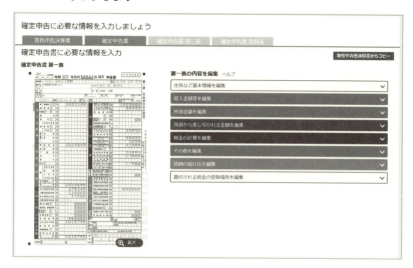

Step 4 還付金が生じている場合は、受け取り口座の情報を入力するフォームが表示されます。必要事項を入力して[保存]をクリックしてください

Step 5 [申告内容を確認しましょう]欄に、所得金額や納税額、適用されている控除額などが表示されています。誤りや抜け漏れがないか確認しましょう

Step 6 確認ができたら、ページ最下部の[次に進む]をクリックしてください

6-06 ステップ❹ freee会計で申告書の提出と納税をしよう

いよいよ税務署へ申告書類を提出するんですね。ドキドキしますね…。

初めてのことだと、不安や心配もありますよね。でも電子申告なら、きっと拍子抜けするくらい簡単に終わっちゃいますよ。

■電子申告（e-Tax）による申告書類の提出

　電子申告（e-Tax）には「**マイナンバーカード方式**」と「**ID・パスワード方式**」の2つの方式があります。

　本書では、より手軽な「マイナンバーカード方式」による申告方法を解説します。

※毎年1月頃に新年度税制に対応したfreee会計が提供されます。税制や電子申告などの変更が反映されますので、この記事内容も変更される可能性があります。

❶ 事前準備

　下記4点をご用意のうえ、［**スマホで電子申告**］を選択してください。

> ❶ マイナンバーカード
> ❷ マイナンバーカードの利用者証明用パスワード（数字4桁）
> ❸ マイナンバーカードの署名用パスワード（6文字以上16文字以内）
> ❹ マイナンバーカードの読み取りが可能なスマホ

- [スマホで電子申告] を選択します

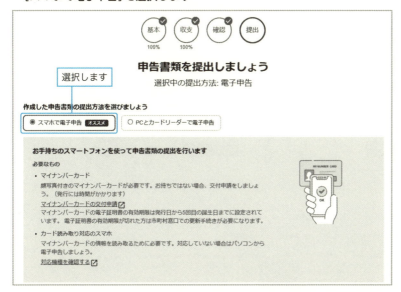

　電子申告のメニューが表示されていない場合は、[基本] ステップに戻って申告書の提出方法を選択しなおしてください。

❷ マイナポータルとe-Taxを連携する

　マイナポータルとe-Taxを連携させます。
　マイナポータルとは、マイナンバーカードを使ってさまざまな行政手続きができるオンラインシステムのことです。
　スマホへ**マイナポータルアプリをインストール**し、案内に沿って連携してください。

● マイナポータルアプリをインストールし、e-Taxと連携します

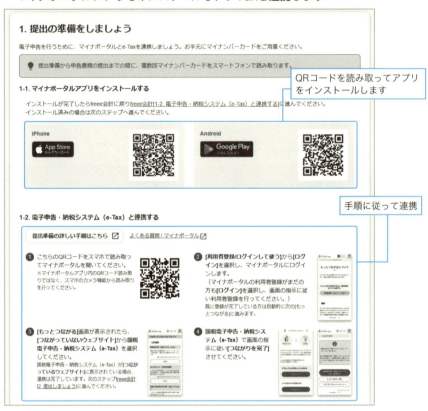

❸ 申告書を提出する

Step 1 マイナポータル連携ができたら、マイナンバー（個人番号）を入力します

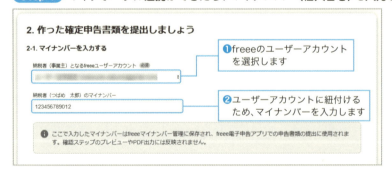

Step 2 電子申告アプリをスマホへインストールします

[提出（電子申告アプリを起動）]をクリックするとQRコードが表示されます。用意したスマホで読み取ってください。

電子申告アプリが立ち上がります。

Step 3 [提出（電子申告アプリを起動）]をクリックするとQRコードが表示されます

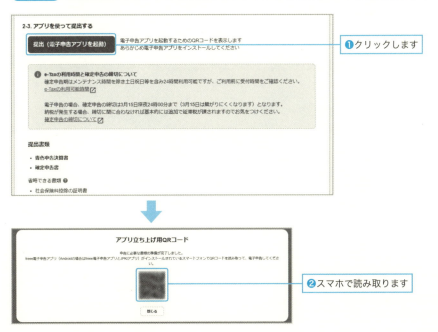

freee会計で作成した**確定申告データがスマホへダウンロード**されます。ダウンロードが成功すると、マイナンバーカードの読み取り画面が表示されるので、画面の指示に従って読み取ってください。

iOSの場合は読み取り前に、Androidの場合は読み取り後に、「マイナンバーカードの利用者証明用パスワード（数字4桁）」[※1]と「マイナンバーカードの署名用パスワード（6文字以上16文字以内）」[※2]の入力が求められます。

> **Step 4** パスワードの入力画面でマイナンバーカードの利用者証明用パスワード、マイナンバーカードの署名用パスワードを入力します

※1 マイナンバーカードの利用者証明用パスワード
- 市区町村の窓口でカードを受け取る際に設定した、数字4桁のことです。
- 3回連続で間違えるとロックされます。ロックされた場合は市区町村の窓口でパスワードの初期化を行わなければならないので、注意してください。

※2 マイナンバーカードの署名用パスワード
- 市区町村の窓口でカードを受け取る際に設定した、英数字6文字以上16文字以下のパスワードです。
- 5回連続で間違えるとロックされます。ロックされた場合は市区町村の窓口でパスワードの初期化を行うか、最寄りのコンビニ（セブン-イレブン、ローソン、ファミリーマート）などでロック解除が可能です。

Step 5 マイナンバーカードをスマートフォンで読み取ります

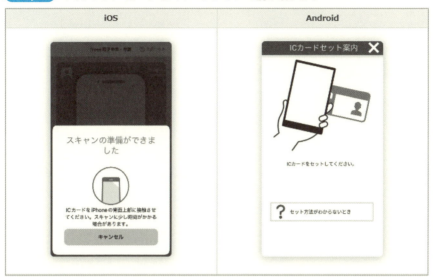

Step 6 「電子申告・申請が完了しました」と表示されたら完了です

　［受付結果の確認］をクリックすると、正常に受け付けられているか確認できます。受付済の申告書類を別途保管する場合は［申告書類をPDF出力する］をクリックして、ダウンロードしてください。

Step 7 受付結果を確認します

納税額が生じている場合は、納付が必要です。

希望する方法にチェックを入れると、ガイダンスと国税庁サイトなどへのリンクが表示されます。案内に従って、納付手続きを行ってください。

Step 8 納税方法を選びます

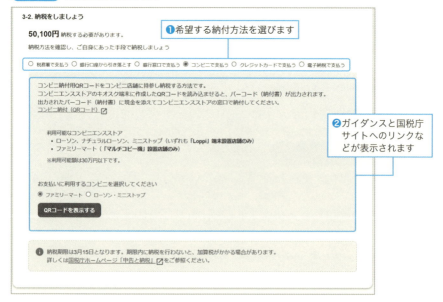

freee会計で申告書の提出と納税をしよう　**6-06**

● 国税の納付方法

納付方法	特徴
1. 振替納税	口座引き落としによって納付する方法。期日になると、申告した税額が自動的に引き落とされる。初回のみ、振替依頼書の提出が必要（個人の場合e-Taxによる提出が可能）
2. ダイレクト納付 **【e-Tax利用時のみ】**	口座引き落としによって納付する方法。納付の都度、引き落とし日を任意に指定する。初回のみ、利用届出書の提出が必要（個人の場合e-Taxによる提出が可能）
3. インターネットバンキング等 **【e-Tax利用時のみ】**	対応するインターネットバンキング、モバイルバンキング、ATMから納付する方法
4. クレジットカード納付	「国税クレジットカードお支払サイト」で、クレジットカード決済により納付する方法。納付額に応じた決済手数料がかかる
5. スマホアプリ納付	「国税スマートフォン決済専用サイト」で、PayPay等のキャッシュレス決済アプリにより納付する方法
6. 現金納付	税務署、金融機関、コンビニで納付する方法。納付書（税務署、金融機関）もしくは決済用QRコード（コンビニ）を事前に作成しておく必要がある

　フリーランスとして継続的に活動していく場合、毎年の納税が必要となります。そのため、初回の手続きのみで自動的に引き落としが行われる**振替納税**が便利です。

　なお、振替納税を選択した場合、口座振替は通常の納期（3月15日）ではなく、4月中旬から下旬にかけて行われます。

　納付のタイミングを1か月以上先送りできるため、資金繰りの面でも有利なんです。

■ 納付期限内に納めないと延滞税がかかる

　せっかく期限内に確定申告できても、納付期限までに納付しないと**延滞税**がかかってしまうことがあります。

　納付期限を確認して、必ず期限内に納付しましょう。

　延滞税は、期限の翌日から納付までの日数が長くなるほど金額が増えます。期限超過に気付いた場合は一日でも早く納付しましょう。

6-07 やよいの青色申告オンラインで確定申告書類を作成しよう

私はやよいの青色申告オンラインを使っているので、これで申告書類をつくりたいです!

まかせてください!
では一緒につくっていきましょう!

■残高推移表で月ごとの現金、預金、売掛金を確認する

確定申告にとりかかる前に、まずは各勘定科目の残高を確認しましょう。

入力漏れや誤りがあると、決算書作成の段階でエラーが生じてしまうためです。この先の作業をスムーズに進めるため、現金、預金、売掛金等の残高に異常値がないか**「残高試算表」**や**「残高推移表」**で確認します。

この確認は、できれば1月末までに済ませておきましょう。

Step 1 「レポート・帳簿」の「残高試算表」または「残高推移表」をクリックします

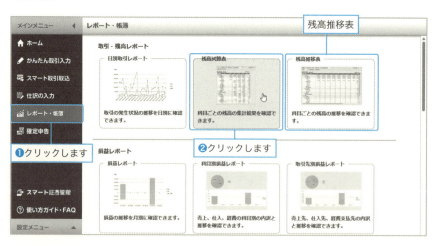

Step 2 ここでは、「残高推移表」画面で「年指定」を選び、貸借対照表で月ごとの普通預金科目等をチェックします。12月末の科目残高と通帳残高が一致していることを必ず確認してください

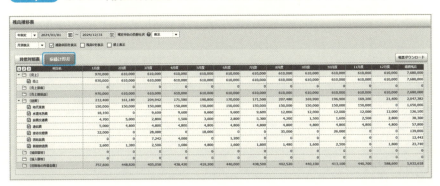

Step 3 さらに、「損益計算書」で月ごとの売上、経費などをチェックします

■書類の整理と電子申告の準備

　生命保険料、社会保険料、医療費、寄附金控除などの控除を受ける場合は、それらを証明するための書類を整理しておきましょう。

　やよいの青色申告オンラインで**電子申告（e-Tax）**を利用するには、**マイナンバーカード**とその読み取りに**対応したスマートフォン**、**利用者識別番号**が必要になるので、こちらも準備しておきましょう。

■青色申告決算書の作成

やよいの青色申告オンラインのメインメニューの「確定申告」では次の流れで作業を行います。

❶ 減価償却の計算
❷ 基本情報（氏名、生年月日、電話、住所）の入力、家事按分、家族・従業員の設定
❸ 源泉所得税額の確認、所得の選択・入力、所得控除の選択・入力設定
❹ 電子申告書類データを国税庁のe-Taxに送信

Step 1 やよいの青色申告オンラインのメインメニューで［確定申告］をクリックすると、「確定申告書の手順」画面が表示されます。
提出する確定申告書の年度を確認しましょう。
申告方法の選択で「電子申告（e-Tax）を利用して申告します」を選択します

Step 2 「Step1 減価償却費の計算」で［開始］をクリックします

Step 3 136ページで登録した固定資産の一覧が表示されます。登録漏れ、修正事項がないことを確認したら［完了］をクリックします

❶固定資産を確認・登録します
❷クリックします

Step 4 「Step2 青色申告決算書の作成」で［開始］をクリックします

クリックします

Step 5 「1.基本情報」画面で基本情報を確認し、入力漏れがあれば入力します。問題がなければ［保存して次へ］をクリックします

❶入力します
❷クリックします

Step 6 「2.売上・仕入」画面で売上、仕入、棚卸在庫、貸倒引当金に関する入力項目が表示されます。ガイダンスに従って確認と入力を進めましょう。
よければ［保存して次へ］をクリックします

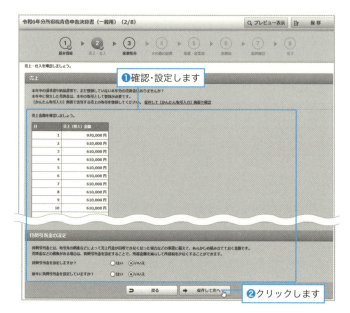

Step 7 「3.家事按分」画面では、水道光熱費、通信費などの事業に使った割合を設定します（154ページ参照）。
すでに設定している場合には、変更の必要がないか確認しましょう。
問題がなければ［保存して次へ］をクリックします

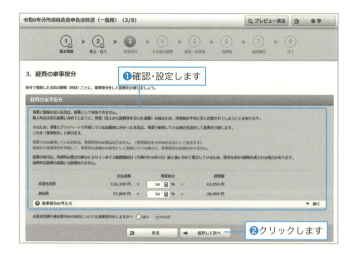

Step 8 「4.その他の経費」画面では地代家賃の内訳を入力します。支払先の情報を入力し、家事按分がある場合は、事業割合を入力してください。問題がなければ[保存して次へ]をクリックします

Step 9 「5.家族・従業員」画面では従業員の名前、給与賃金を入力し、いない場合は「いいえ」にチェックを入れます。問題がなければ[保存して次へ]をクリックします

Step 10 「6.消費税」画面では売上の消費税の申告の設定を行います。課税事業者の場合は、設問に答え消費税申告書を作成します。ここでは免税事業者のためそのまま[保存して次へ]をクリックします

Step 11 「7.最終確認」画面では不動産所得、農業所得の有無を設定し、「収益・売上原価・経費」の確認、「資産・負債・資本」の確認を行います。間違いがなければ［完了］をクリックします

クリックすると青色申告決算書の印刷状態を確認できます

クリックすると現在の状態を保存できます

令和6年分所得税青色申告決算書（一般用）（7/8）　　　Q プレビュー表示　　　保存

(1) 基本情報 ▶ (2) 売上・仕入 ▶ (3) 家事按分 ▶ (4) その他の経費 ▶ (5) 車両・従業員 ▶ (6) 消費税 ▶ **7** 最終確認 ▶ (8) 完了

7. 最終確認

❶設定・確認を行います

最終確認です。

青色申告特別控除額の計算

本年分の不動産所得がある場合、青色申告特別控除額の計算に不動産所得の金額が必要です。

本年分の不動産所得がありますか？

○ はい
◉ いいえ

本年分の農業所得がある場合、青色申告特別控除額の調整が必要な場合があります。

本年分の農業所得がありますか？

○ はい
◉ いいえ

事業所得（一般用分）の青色申告特別控除額は 650,000 円です。

収入・売上原価・経費の確認

収入・売上原価・経費の各科目について金額を確認しましょう。

売上	本年	前年	前年比
売上	7,680,000 円	300,000 円	2560 %
合計	7,680,000 円	300,000 円	2560 %

売上原価	本年	前年	前年比
売上原価	0 円	0 円	−

経費	本年	前年	前年比
減価償却費	45,000 円	0 円	−
地代家賃	1,650,000 円	150,000 円	1100 %
水道光熱費	63,050 円	0 円	−
旅費交通費	38,300 円	0 円	−
通信費	28,900 円	0 円	−

ただし、以下の科目については、集計先が加引登録時の科目と異なります。
個人用の「現金」、「普通預金」、「クレジットカード」の他、「受物報酬の源泉徴収税」や「受物利息」については事業主勘定として集計されています。
「クレジットカード」は「未払金」として集計されています。

資産	1月1日（期首）	12月31日（期末）
現金	200,000 円	346,518 円
その他の預金	6,618,300 円	11,057,028 円
工具器具備品	0 円	255,000 円
事業主貸	−	839,322 円
合計	6,818,300 円	12,497,868 円

負債・資本	1月1日（期首）	12月31日（期末）
事業主借	−	0 円
元入金	6,818,300 円	6,818,300 円
青色申告特別控除前所得金額	−	5,679,568 円
合計	6,818,300 円	12,497,868 円

各残高に間違いはありませんか？

◉ はい
○ いいえ

本年中における特殊事情

前年と比較して経費や売上金額が大きく変動するなど、本年中に特殊な事情があった場合は、その理由を入力しましょう。
特になければ、入力しなくても構いません。

⤺ 戻る　　　完了

❷クリックします

■ 確定申告書の作成

次に「Step3 確定申告書の作成」に進み、青色申告決算書の内容をもとに所得や税額を計算していきます。

Step 1 「Step3 確定申告書の作成」の[開始]をクリックします

Step 2 確定申告書に記載する電話番号、提出する税務署、振替納税の変更の有無、国外転出時課税制度の対象かどうかを設定します。
問題がなければ[保存して次へ]をクリックします

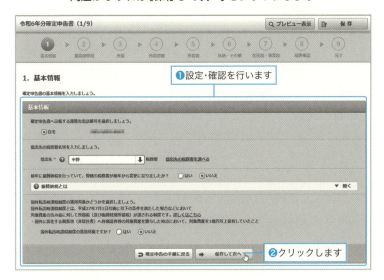

Step 3 源泉徴収税額が取引先ごとに表示されます。正しく入力されていれば「はい」を選択し、取引先の住所または法人番号を入力します。間違っている場合は「いいえ」を選択し、登録した取引を修正してください。
入力が完了したら[保存して次へ]をクリックします

- **Step 4** 青色申告決算書以外の所得がある場合は「はい」、ない場合は「いいえ」を選択し[保存して次へ]をクリックします。
  ここでは「いいえ」をクリックします

- **Step 5** 損益通算の結果の画面が表示されます。損益通算とは、不動産所得、事業所得、譲渡所得、山林所得で発生した損失を他の所得と相殺する制度です。
  確認し[保存して次へ]をクリックします

Step 6 前年以前からの繰り越された損失がある場合は「はい」、ない場合は「いいえ」を選択します。
ここでは「いいえ」を選択して[保存して次へ]をクリックします

Step 7 所得控除の有無を設定します。適用したい控除がある場合は「はい」を選択します。設定を終えたら[保存して次へ]をクリックします

Step 8 前の画面で「はい」を選択したものについて、詳細情報の入力を求められます。ここでは例として、社会保険料控除と小規模企業共済掛金等控除を登録します。表示されているガイダンスを参考に入力してください。
入力が完了したら「保存して次へ」をクリックします

❶「はい」を選択し、社会保険料の支払い箇所数を選択します

❷支払った保険料を入力します

❸支払った掛金を入力します

❹クリックします

Step 9 課税所得金額と所得税額が表示されます。確認したら[保存して次へ]をクリックします

クリックします

Step 10 所得税の税額控除（配当控除、住宅ローン控除、政党寄附金特別控除等）があれば「はい」を押し、該当する控除に金額を入力します。ここでは「いいえ」のまま[保存して次へ]をクリックします

❶「いいえ」を選択します

❷クリックします

Step 11 災害減免額、外国税額控除があれば入力し、予定納税額がある場合には「はい」を選択して金額を入力します。
納税額が計算されるので、確認して問題なければ [保存して次へ] をクリックします

Step 12 住民税と事業税に関する項目が表示されます。ガイダンスに従い、該当する項目がある場合は設定します

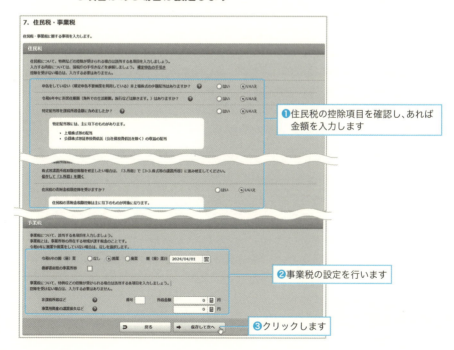

Step 13 最終確認の画面で、還付（納税）金額、還付の場合はその受取場所、電子通知の有無、提出する書類の選択を設定し、[完了]をクリックします

■ 電子申告（e-Tax）で申告しよう

「確定申告」のStep1〜3に入力済であることを示すチェックマークが付いていることを確認します。最後に「Step4　電子申告（e-Tax）」で［開始］をクリックします。「確定申告e-Taxオンライン」を利用してe-Taxにログインし、スマートフォンで電子署名を付与し申告書データを送信します。

※毎年1月頃に新年度に対応した「所得税確定申告モジュール」が提供されます。税制や電子申告などの変更が反映されますので、この記事内容も変更される可能性があります。

❶ 事前準備

e-Taxでの申告には下記5点が必要になるので用意してから進みます。

> ❶ マイナンバーカードと読み取りが可能なスマートフォン
> ❷ マイナンバーカードの利用者証明用パスワード（数字4桁）
> ❸ マイナンバーカードの署名用パスワード（6文字以上16文字以内）
> ❹ マイナンバーカードの利用者識別番号（16桁）と暗証番号
> 　（はじめてe-Taxを利用する場合は国税庁e-Taxサイトで取得します）
> ❺ 「弥生 電子署名」アプリ（AppStore、GooglePlayからインストール）

Step 1　「Step4　電子申告（e-Tax）」の［開始］をクリックします

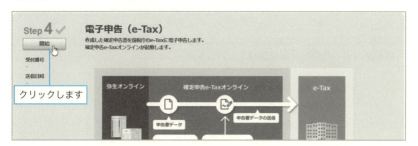

Step 2　「マイナンバー（個人番号）入力」ダイアログボックスでマイナンバーの数字を入力し「ダウンロード」をクリックします

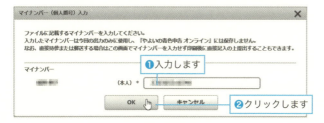

Step 3 ブラウザが起動して確定申告e-Taxオンラインのページが表示されます

Step 4 「e-Taxにログインします」のページで利用者識別番号と暗証番号を入力し［ログインする］ボタンをクリックします

Step 5 初回だけ「電子証明書の登録に必要な情報を入力します」のページが表示されるので、表示されている情報に誤りがないか確認します。よければ［次へ］をクリックします

やよいの青色申告オンラインで確定申告書類を作成しよう **6-07**

Step 6 申告書の一覧リストが表示されます。送信する書類にチェックマークを付けてください。
問題なければ下に表示されているQRコードをスマートフォンで読み取ります

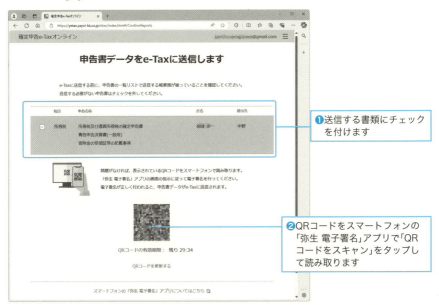

❶送信する書類にチェックを付けます

❷QRコードをスマートフォンの「弥生 電子署名」アプリで「QRコードをスキャン」をタップして読み取ります

Step 7 「弥生 電子署名」アプリの「申告書の確認」画面に移行します。送付する申告書が表示されるので、[次へ]をタップします

❶確認します

❷タップします

Step 8 [読み取りを開始する]をタップします

タップします

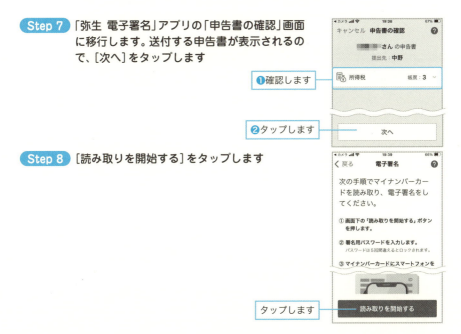

229

Step 9 署名用パスワードを入力し「OK」をタップします

❶入力します

❷タップします

Step 10 「スキャンの準備ができました」または「スキャン待機中」の画面が出たらマイナンバーカードの上にスマートフォンを重ねて少し待ちます

❶この画面を確認します　　❷マイナンバーカードの上にスマホを重ねます

Step 11 マイナンバーカードが正しくスキャンされると、「マイナンバーカードの読み取りが完了しました」と表示され申告データに電子署名が付与されます。その後、送信が完了すると「電子署名の送信が完了しました」と表示されるので「OK」をタップします。
これで確定申告データの送信は完了です

7日目

消費税とインボイスについて学ぼう

消費税とインボイス制度は、事業運営に大きな影響を与えうる重要なテーマです。
2023年10月に導入されたインボイス制度により、フリーランスの方々にも新たな対応が求められています。取引先との関係や売上に影響が生じる可能性があるため、制度の理解は不可欠です。
7日目では、消費税およびインボイス制度の基本的な仕組みと、事業運営への具体的な影響について解説します。
この基礎知識を身につけることで、皆さまが最適な判断を下せるようサポートします。

7-01 消費税ってどんな税金？

ここまで勉強してきて１つ疑問があります。消費税はなぜお店に払うのでしょうか？

いいことに気付きましたね！　消費税は買った人に課税されるのではなく売った人に課される税なのです。

■ モノやサービスを売った人が納める税金

　消費税とは、事業としてモノやサービスを売った際に、**そのモノやサービスを売った人に課される税**です。
　「消費税」という名前ではあるものの、**買った人（消費者）ではなく売った人にかかる**のです。
　したがって、事業を行っていない一般消費者は、消費税を税務署へ納める義務がありません。生活のためにモノやサービスを買うことはあっても、商売をすることはないからです。
　一方で、消費者はお店で買い物する際に「**消費税**」と呼ばれるものを支払っているはずです。それ自体は実は消費税ではなく、**事業者が税務署へ納める消費税相当額を価格に上乗せして支払っている**にすぎません。

消費税の価格転嫁の仕組み

　こうした仕組みのことを「**価格転嫁**（てんか）」といいます。
　フリーランスがクライアントへ請求する場面を例に考えましょう。
　クライアントへ報酬30万円を請求する際に、売り主であるフリーランスに消費税10％が課されます。
　税額は30万円の売上に対して3万円（30万円×消費税率10％）です。

消費税3万円を税務署へ支払うと、フリーランスの手取りは30万円から27万円に減ってしまいます。

そこで、**請求額に消費税10％相当額を上乗せ請求（価格転嫁）して手取りの減少を補填**するのです。

支払い済の消費税を納税額から差し引ける「仕入税額控除」

売上にかかる消費税は税務署へ納めることとなりますが、その全額を納める必要はありません。

納付額からは、自らが買い手の立場となって**支払った消費税額を差し引ける**ためです。

こうした差引きの仕組みを「**仕入税額控除**」といいます。

「仕入」の名がついていますが、一部の例外（租税公課や給料手当等）を除いて商品や材料の仕入に限らず**経費全般が対象**です。

クライアントから売上30万円＋消費税3万円を受け取り、家電量販店でパソコン代15万円＋消費税1.5万円を支払った例で考えてみましょう。

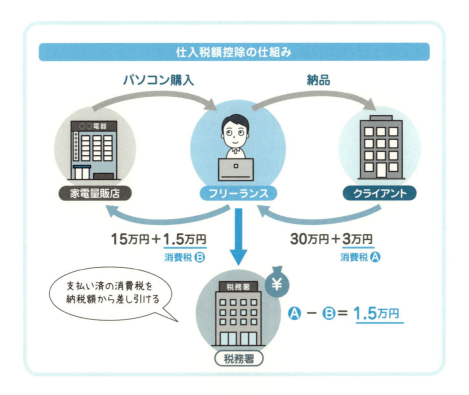

この場合、**受け取った３万円から支払った1.5万円を差し引いた残額1.5万円だけを税務署へ納めます**。

なお、受け取った消費税より支払った消費税のほうが多い場合は、税務署からお金が還付されます。

これは、売上を獲得する前に多額の先行投資を行った場合に起こりやすい現象です。

■ 小規模事業者は納税義務が免除される

消費税を納める義務には、**免除制度**があります。

小規模な事業者について、消費税申告の事務負担や納税負担を考慮した特例が設けられているのです。

具体的には、次のどちらにも該当する個人事業主は「**免税事業者**」となり、**消費税の申告と納税をしなくてもよい**ことになっています（免税の特例をあえて放棄して、申告・納付することも可能です）。

> ❶ 前々年度の年間売上合計が1,000万円以下である
> ❷ 前年度の1月〜6月の売上または給与支払額の合計が1,000万円以下である

開業したてのフリーランスであれば、どちらの要件も満たすと考えられるため、免税事業者となり消費税の申告・納税が免除されます。

開業1年目、2年目は前年度・前々年度の売上実績がありませんし、フリーランスであれば従業員を雇用して給与を支払っていることもないためです。

インボイスの導入で免税事業者の放棄が急増

しかしながら、2023年10月以降、**免税事業者でいることをあえて放棄する事業者が急増**しました。

なぜでしょうか？

それは、いわゆる**「インボイス制度」が導入された**ためです。

インボイスについては、次節から解説していきます。

7-02 インボイス制度って何？

消費税といえば、気になるのが「**インボイス制度**」ってやつです。あれって結局、なんなんですか？

誤解を恐れずにいうと「**免税事業者のままでいると、クライアントの納税額が増える制度**」のことですね。

てことは、自分が消費税を納めなくていい反面、クライアントの納税額は増えるってこと？

まさしく、そのとおりです。なぜそうなるのか、説明しますね。

■モノやサービスを売った人が納める税金

　インボイス制度とは、2023年10月1日から新たに開始された消費税の仕入税額控除（233ページ参照）に関係するルールです。
　このインボイス制度によって、モノやサービスの代金を支払った相手から**適格請求書等**を受け取らなければ、仕入税額控除を行えなくなったのです。※制度開始後6年間は、8割（5割）控除という経過措置あり。
　適格請求書等とは、法律で定められた一定の事項が記載されている**請求書や領収書、納品書**などのことを指します。
　記載項目として定められているのは次のような項目です。

- ❶ 発行事業者の登録番号
- ❷ 発行事業者の氏名または名称
- ❸ 取引年月日
- ❹ 取引内容（軽減税率の対象である場合は、その旨）
- ❺ 税率ごとの合計金額および適用税率
- ❻ 税率ごとの消費税額
- ❼ 書類の交付を受ける事業者の氏名または名称

登録番号を取得した事業者は免税事業者になれない

　このうち、最も重要なのが**登録番号**です。登録番号は国税庁が付与する番号で、取得するためには申請が必要です。

　登録番号を取得した事業者は、前節（234ページ）の条件に当てはまっていたとしても免税事業者にはなれません。

　適格請求書等を発行してもらうためには、免税事業者でいることをあきらめなければいけないのです。

　かたや、免税事業者でいることを維持するためには、登録番号を取得してはいけません。

　クライアントへ渡す請求書には登録番号を記載できないため、**クライアントは仕入税額控除をできず、結果として納税負担が増えることになります。**

　そこで免税事業者は、インボイス制度の導入によって次のどちらかを選択する必要に迫られることとなったのです。

1. 登録はせず免税事業者のままでいて、適格請求書を発行しない（次ページの上図）
   ⇒結果として、クライアントは仕入税額控除ができず、消費税の納付額が増える
2. 免税事業者の特典をあきらめて登録し、適格請求書を発行する（次ページの下図）
   ⇒結果として、自身で消費税の申告と納税が必要になる

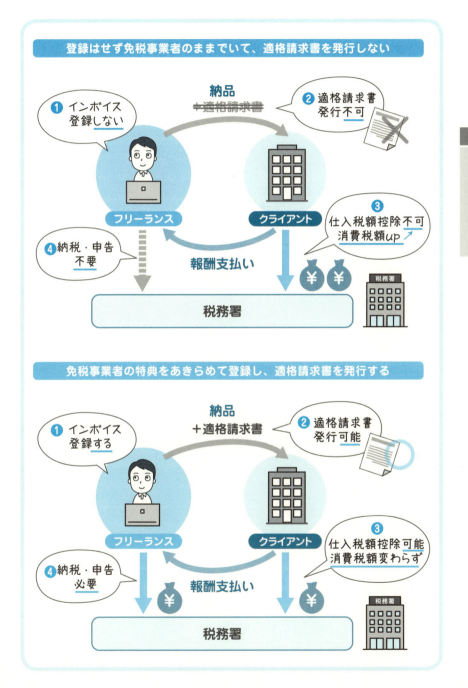

● 適格請求書の例（番号は236ページの適格請求書等のリストに対応）

7-03 消費税にもフリーランス向けの特例はあるの？

インボイス制度が始まると、きっと**フリーランスでも消費税を納税する人が増えます**よね。
青色申告の特典みたいに特例はないんですか？

それが、あるんですよ。**小規模な事業者だからこそ許されている**特例が。

やっぱりあるんだ。聞いておいてよかったー。
どんなのですか？

■ フリーランスが使える特例

　消費税の納税額は原則として、受け取った消費税額から支払った消費税額を差し引いて計算します（232ページ参照）。
　そのような計算方法が原則であり一般的であることから「**本則課税**」または「**一般課税**」などと呼ばれています。
　ところが、消費税の計算方法には、**小規模な事業者の事務負担に考慮した次のような特例**もあるのです。

> ● 簡易課税
>   みなし仕入率を使って仕入税額控除を行う方法
> ● 2割特例
>   一律80％を使って仕入税額控除を行う方法

　フリーランスであれば、基本的に上記どちらかの方法を使うほうが楽な上に、税負担も抑えられることが多いです。

■年商5000万円以下の事業者が利用できる簡易課税

2年前の年商が5,000万円以下の場合に利用できる特例です。簡易課税では、次の計算式で納税額を計算します。

● 簡易課税の計算式

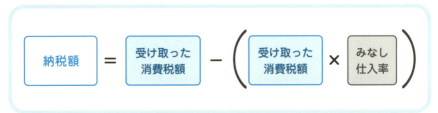

計算式中にあらわれる「**みなし仕入率**」は、事業形態によって**6つに区分**されています。

エンジニアやライター、クリエイターなど**フリーランスが従事する仕事の多くは「サービス業」として第5種に該当**します。

● みなし仕入率（簡易課税制度の事業区分の表）

事業区分	みなし仕入率	該当する事業
第1種事業	90%	卸売業（他の者から購入した商品をその性質、形状を変更しないで他の事業者に対して販売する事業）
第2種事業	80%	小売業（他の者から購入した商品をその性質、形状を変更しないで販売する事業で第1種事業以外のもの） 農業・林業・漁業（飲食料品の譲渡に係る事業）
第3種事業	70%	農業・林業・漁業（飲食料品の譲渡に係る事業を除く）、鉱業、建設業、製造業（製造小売業を含む）、電気業、ガス業、熱供給業および水道業をいい、第1種事業、第2種事業に該当するものおよび加工賃その他これに類する料金を対価とする役務の提供を除きます
第4種事業	60%	第1種事業、第2種事業、第3種事業、第5種事業および第6種事業以外の事業をいい、具体的には、飲食店業など。なお、第3種事業から除かれる加工賃その他これに類する料金を対価とする役務の提供を行う事業も第4種事業となります
第5種事業	50%	運輸通信業、金融・保険業、サービス業（飲食店業に該当する事業を除く）をいい、第1種事業から第3種事業までの事業に該当する事業を除きます
第6種事業	40%	不動産業

消費税にもフリーランス向けの特例はあるの？　7-03

一般課税との違いは、**支払った消費税額を計算に使わない**点です。

受け取った消費税さえ正しく集計できればよいため、一般課税に比べて簡単に納税額を計算できます。

売上の金額から消費税の納税額を簡単に試算できるため、納税の資金繰りが立てやすいのも利点です。

たとえば、年間の売上見込が550万円（うち消費税額50万円）のサービス業であれば、納税額として25万円程度（＝50万円－50万円×50％）を納付期限までに用意しておけばよいと、暗算でも求められます。

税理士として多くの事業者を見てきた経験上、**簡易課税によって計算した納税額は、一般課税よりも少なくなる傾向**にあります。

みなし仕入率が実際の仕入率よりも高く設定されていることが多いためです。事務負担が減るうえに納税負担も減るという、至れり尽くせりな制度なのです。

ただし、下記のようなケースでは、一般課税のほうが納税額を減らせることもあります。

- 多額の設備投資をした
- 経費に占める外注費の割合が高い
- みなし仕入率よりも経費の割合が高い

可能であれば試算した上でどちらかを選択したほうがよいのですが、多くのケースで簡易課税が有利になるのは事実です。

考えるのが面倒であれば、簡易課税を選択してください。

簡易課税を利用するためには、事前の届出が必要です。原則として適用したい年の前年12月31日までに、「**消費税簡易課税制度選択届出書**」を所轄の**税務署へ提出しておく必要**があります。

■ 免税事業者からインボイス発行事業者になった人が利用できる2割特例

2割特例は、本来なら免税であるはずの事業者が、**インボイス登録によって新たに消費税を納めなければならなくなった場合にだけ利用できる特例措置**です。

7日目

消費税とインボイスについて学ぼう

241

簡易課税の「強化版」みたいなものと考えて差し支えありません。2割特例では、次の計算式によって納税額を計算します。

● 2割特例の計算式

80％を差し引いて20％だけ納付することから「**2割特例**」と呼ばれています。簡易課税では事業形態ごとに異なるみなし仕入を使いますが、2割特例は事業形態にかかわらず一律80％です。

簡易課税第5種のみなし仕入率50％より有利であるため、よほどの事情がないかぎりは**この特例を使うべき**だと言えます。

さらに、2割特例は簡易課税のような**事前の届出が必要ない**ことから、使い勝手も優れています（別途、インボイス登録の申請は必要です）。インボイス登録を機に消費税の申告をするのなら、ぜひ採用しましょう。

ただし残念ながら、**この特例は2026年（令和8年）分の申告までしか使えません**。

インボイス制度の導入を円滑に進めるための、**時限的な優遇措置**であるためです。ご注意ください。

● 2割特例の適用イメージ

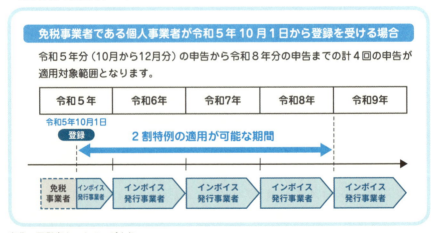

出典：国税庁ホームページより

消費税にもフリーランス向けの特例はあるの？ 7-03

● 一般課税・簡易課税・2割特例の比較（計算イメージ）

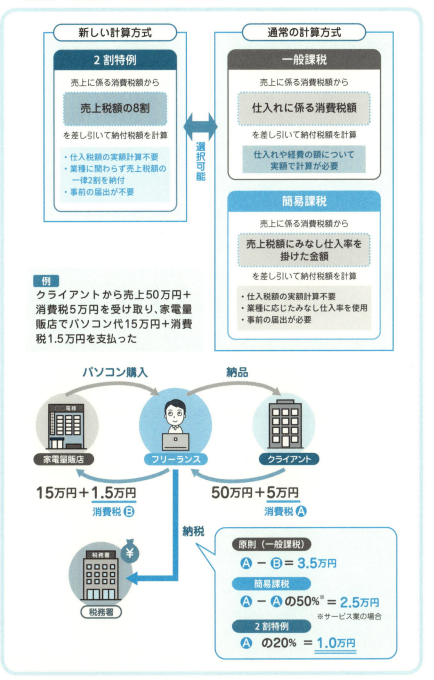

243

7-04 インボイス登録しないと何が起きる?

免税事業者のままでいると、クライアントの税負担が増えてしまうんですよね?

そうですね。クライアントにとっては、免税事業者に発注すると実質的に割高となるようなイメージです。

だとすると、登録番号を持っていないと何か言われちゃいそうですよね。登録してくれ、とか。

そうですね。ただ、実際にどんな反応が示されるかは企業によってさまざまですよ。
それに、あなたが強い交渉力をもっていれば、ネガティブな反応を跳ね返せるかもしれませんね!

■インボイスに登録していないと…

あなたがインボイス登録をしていない場合、**クライアントの税負担が増えてしまいます。**

消費税額の計算上、あなたに支払った消費税について仕入税額控除を行えないためです。※制度開始後6年間は、8割(5割)控除という経過措置あり

経済合理的に考えれば、クライアントがなんらかの形であなたと交渉をし、税負担増加の穴埋めをはかることが想像できます。たとえば、次のような反応が示されることでしょう。

登録の意向があるか確認される

登録を促す意味も込めて、**登録予定の有無を確認**します。近く登録予定であるとの回答を得られれば、それ以上の動きは見せないかもしれません。

登録を要請される

登録の予定がないとすると、**登録を要請**されることも考えられます。

登録さえしてくれれば、クライアントとしては納税額が増えずに済むためです。

値引きを要請される

登録をしない発注先に対して、**取引価格のディスカウント**を求められることも想定できます。

納税額が増えた分を値引きによって補填できれば、クライアントは経済的な損失を負わなくて済むためです。

取引を停止する、発注を見送る

要請しても登録してくれない、値引きにも応じてくれないとなれば、取引を終了して**別の発注先を選ぶ**クライアントも現れるはずです。もしくは商談の時点で、インボイス未登録であることを理由に発注に至らないことも考えられます。

優越的地位の濫用には毅然と対応する

事業者間の取引において、価格等の取引条件は本来、各社の経営判断によって自由に決定されるべきです。しかし実際には、**下請法や独占禁止法などにより「優越的地位の濫用」が禁止**されており、その判断には一定の制約が課されています。

「優越的地位の濫用」とは、取引上の優位な立場を利用して相手に不当な不利益を与えることを指します。インボイス制度に関連するものとしては、以下のような行為が想定されます。

- 契約後に、登録していないことを理由に納品物の受領を拒否する
- 請求段階で、登録していないことを理由に事後的な値引きを強要する

- 登録事業者でないことを理由に、著しく低い価格を一方的に通告する
- 形式的な交渉の機会は設けるものの、実質的な協議を行わない

　このような不誠実な対応をとる取引先との関係は、長期的にはあなたの事業に大きな不利益をもたらす可能性があります。

　不当な要求に直面した場合は、毅然とした態度で対応することが重要です。

取引条件に変化なし

　インボイス登録の有無によって取引条件を変えることはない、と公言する企業も少なくありません。

- 発注先が重要なパートナーであり、値引きによる関係悪化を避けるため
- 発注先が替えの効かない存在であり、取引を停止するわけにはいかないため
- 値引きや取引停止などによって、企業イメージが悪くなることを避けるため

といった事情があるようです。

　クリエイティブ職や技術職などの、個々人の能力やセンス、専門性が重視される職種において、こうした傾向が顕著に見られます。

登録する場合の値上げを提案される

　免税事業者がインボイス登録をすると、消費税の申告と納税の負担が生じます。その負担増に配慮して「登録をするのなら値上げしてもよい」と、クライアント側から提案される事例を、税理士としての経験上よく見聞きします。

　経済社会において、誰から何をどんな条件で買うかは、原則として各企業の自由意志で決まります。

　だからこそ、価格等の取引条件に関する交渉を避けては通れません。今後はその交渉の判断要素として、インボイス制度への登録の有無が加わることになるのです。

7-05 インボイス登録する・しない の判断基準は？

インボイス登録するかしないか、決意は固まりましたか？

いやー、どうしたらいいんでしょうかね。何を基準に決めたら良いかわからなくて……。

難しい問題ですよね。そしたら、私が思う判断基準を教えましょう。

■インボイスに登録するかの判断基準

　誰と何をどのような条件で取引するかは自由に決めていいことです。インボイスへの登録も事業者の経営判断で自由に選択できます。
　一方で「登録すべきかどうか判断できない」「判断基準が欲しい」という声も多く聞かれます。
　そこで、**登録の判断基準**をフローチャートにまとめました。
　筆者の個人的見解も多分に含みますが、参考にしてください。
　なおインボイス登録は、**一定期間経過後であれば取りやめることも可能**です。
　一度でも登録したら永久に有効、というわけではないので、登録しないで様子を見る、あるいはいったん登録して様子を見る、という選択肢も考えられます。

● 登録するかどうかの基準のフローチャート

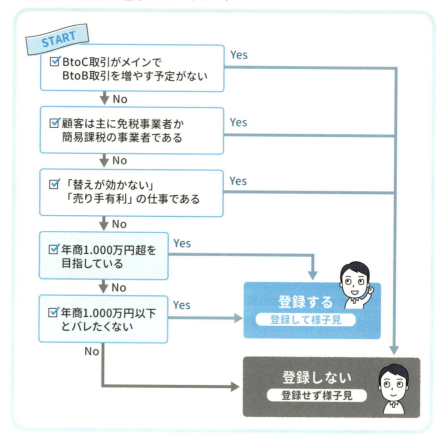

BtoC取引がメインで、BtoB取引を増やす予定がない

　一般消費者を相手としたいわゆる**BtoCのビジネスであれば、登録しなくても差し支えない**でしょう。

　一般消費者は、税務署へ消費税の申告・納税を行う義務がないためです。

　仕入税額控除を使う機会がなく、インボイス制度の影響を受けないため、あなたが登録していようがいまいがお構いなしだからです。

　ただし事業者向け（BtoB）のビジネスを増やしていく予定があるのなら、登録を検討する価値があります。登録していない場合に比べて、営業戦略上優位に立てると考えられるためです。

顧客は主に消費税の免税事業者か、簡易課税を使っている

クライアントが消費税の免税事業者である場合、あなたのインボイス登録の有無は取引に影響しません。

クライアントは消費税の申告・納税を行っておらず、仕入税額控除を使う機会もないためです。

クライアントが仕入税額控除を簡易課税方式（240ページ参照）で行っている場合も同様です。

ただし、クライアントが免税事業者であるか、はたまた簡易課税を適用しているか、クライアントに確認することは困難であると言わざるを得ません。

それぞれ年商が一定規模以下の場合に使える特例であることから「あなたは年商1,000万円以下ですか？」「5,000万円以下ですか」とクライアントに尋ねるようなものだからです。

もしクライアントが免税事業者もしくは簡易課税適用事業者であると判別できるのであれば、登録しない選択肢を検討してみてください。

「替えが効かない」「売り手有利」の仕事である

発注者側よりも受注者側の交渉力が強ければ、未登録であることに起因するクライアントのネガティブな反応を軽減できる可能性があります。

提供するサービスや製品に十分な競争力があると確信できるなら、登録をしない選択肢も考慮に値するでしょう。

年商1,000万円超を目指している

未登録のままだと、**値引や取引停止、失注などのリスク**が生じる可能性があります。

今後も販路を開拓して取引規模を拡大していくつもりであれば、登録してリスクを最小化しておくのが賢明であるといえます。

また将来的に年商が1,000万円を超えたら、どっちみち消費税の申告と納税が必要になります。それなら初めから登録してしまえ、という判断も合理的とだといえます。

年商1,000万円以下であるとバレたくない

2年前の**年商が1,000万円を超える事業者**は、そのほとんどがインボイス制度に登録すると予想されます。

登録の有無にかかわらず、消費税の申告と納税の義務を免れることはできないためです。

インボイス未登録であることは実質的に「私は年商1,000万円以下の事業者です」と公言しているようなものです。

商売人としての体裁が気になるのであれば、登録をお勧めします。

交渉が面倒

インボイス登録していないと、クライアントから取引条件について交渉される可能性があります。その交渉に対応するのが面倒であれば、登録を検討すべきでしょう。

事業者にとって、時間は貴重な経営資源です。**交渉事を減らし、本業に集中できる環境を整える**ことも、重要な経営判断の一つと言えるでしょう。

決めきれないなら、登録せず様子見

インボイス制度の趣旨はわかった、登録のメリットデメリットも理解した、それでもどうしたらいいか決められない。

そんな方は、いったん登録せずにクライアントからどのような反応が示されるか**様子見することをおすすめ**します。

消費税の免除は、年商1,000万円以下の事業者にだけ認められている「特権」です。

迷うのであれば、その特権を大事にすればよいでしょう。

それに、消費税の申告納税をしないほうが、税務関係の手続きも簡単です。

迷うくらいなら登録しない。私ならそうします。

7-06 電子帳簿保存法ってなに？

請求書とかって、メール添付で届くものとか、Webサイト上で表示されるものとかもありますよね。あれも、紙で印刷して保存するんだとしたら面倒ですね……

いえいえ、むしろ**データはデータのまま保存すること**が義務づけられているので、印刷の必要はありませんよ。細かいルールをみておきましょう。

■ 電子帳簿ってどのような書類？

電子帳簿とは、電子計算機を使用して作成される国税関係帳簿書類のことです。

簡単に言えば、**電子データとして作成される帳簿や、それを基に作成される決算書類、さらにはそれらの記載事項を証明する書類**を指します。

具体的には、次のようなものがあります。

- 国税関係書類
 仕訳帳・総勘定元帳・買掛・売掛帳・現金出納帳・固定資産台帳など
- 決算関係書類
 貸借対照表、損益計算書、棚卸表など
- 取引関係書類
 注文書、見積書、契約書、領収書など

■電子帳簿保存法とはどんな法律？

　電子帳簿保存法は、上記のような**帳簿・書類を紙ではなく電子データによって保存することを認める法律**です。各データを保存する際は、この法律に定められた要件を満たす必要があります。

■電子データの請求書等にも最長7年間の保管義務

　電子データで受け取った請求書や領収書などの経理書類も、紙のものと同様に**5年間もしくは7年間の保存義務**があります。

　対象となる電子データの例は以下の通りです。

- 電子メールに添付された請求書・領収書等のPDFファイル
- 本文に取引内容が記載された電子メール
- WEBサイト上で表示もしくはダウンロードできる請求書・領収書
- クレジットカードやキャッシュレス決済のWEB明細

　これらはかつて、紙に出力して他の紙資料と一緒に保管し、電子データは削除することが認められていました。

　ところが、2022年1月の電子帳簿保存法の改正によって、その方法が原則として禁止され、**電子データは電子データのまま保存**することが義務づけられるようになったのです。

　そのため、以下の対策が必要となります。

- 電子メールは削除せず、アーカイブ保存しておく
- ECサイトやクラウドサービスに記録されるデータは、保存期限を確認しておく（7年以上保存できない場合は、データのダウンロードやスクリーンショットなどの方法で自らデータを保存する）

　加えて、データを保存をする際には下記2点のルールを守る必要があります。

> 1. 真実性の確保
>   保存する電子データが改ざんされないようにすること
> 2. 可視性の確保
>   保存する電子データを「日付・金額・取引先」で検索できるようにし、モニタやプリンタを備え付けて表示可能な状態にすること

これらの要件はとてもやっかいそうに見えますが、創業間もないフリーランスの事業規模であれば、過度に心配する必要はありません。

「**真実性の確保**」要件は、**電子データの訂正削除を行う際のポリシー文書を事業所に備え付けておく**ことで満たすことができます。

文書は一から作る必要はなく、国税庁が公表しているひな形を流用すれば十分です。そのひな形に記載された通りに電子データを保存してください。

さらに「**可視性の確保**」要件については、2年前の売上高が1,000万円以下（2024年以降に受け取る電子データについては、5,000万円以下）の事業者は免除され、満たす必要すらありません。

ただし、税務調査時にデータの提示・提出を求められた際は、速やかに対応できるようにしておく必要はあります。

大事なのは「**削除せず保存しておくこと**」「**探せばすぐ見つかるように整理しておくこと**」です。それさえ守れていれば、なんとかなります。

| Column | 会計ソフトで未対応の帳票がある場合の対応策 |

いまや多くの方が会計ソフトを利用して**e-Taxによる確定申告**を行っています。しかし、会計ソフトは、すべての申告手続きに対応しているわけではありません。例えば、やよいの青色申告では平均課税の申告に必要な「変動所得・臨時所得の平均課税の計算書」、freee会計では土地建物用の「譲渡所得の内訳書」など、特定の帳票に対応していないケースが散見されます。

こうした場合、確定申告を完結させるためには、いくつかの代替手段を検討する必要があります。本コラムでは、その具体的な方法について説明します。

1. 未対応帳票のみ紙書類で提出する

国税庁のホームページから未対応帳票の様式をダウンロードし、必要事項を記入のうえ紙書類で郵送もしくは窓口提出する方法です。会計ソフトで確定申告書の電子送信を行った後、未対応帳票のみを別途提出します。

この場合、確定申告書とともに作成される「令和〇年分の申告書等送信票（兼送付書）」に、別途郵送・持参する資料がある旨を記載して電子申告を行い、その送付書を印刷し、書類に添付して税務署へ郵送・窓口提出します。

オンラインで完結できないことによる手間はあるものの、手続き自体はシンプルで手っ取り早い方法と言えます。

2. e-Taxソフトで未対応帳票を作成・送信する

国税庁公式の税務申告ソフトを利用して帳票の作成と提出を行う方法です。

会計ソフトで作成した確定申告書類のデータを.xtxというファイル形式で出力し、e-Taxソフトへインポートします。

続いて、e-Taxソフトで未対応帳票を追加作成し、電子送信を行うという流れです。会計ソフトで入力したデータを取り込める点で優れていますが、e-Taxソフトを端末にインストールする必要があり、現時点ではMacに対応していないため、Macユーザーには適していません。

3. 確定申告書等作成コーナーで未対応帳票を作成・送信する

国税庁公式の「**確定申告書等作成コーナー**」を利用する方法です。

民間の会計ソフトで作成したデータのインポートは基本的にできないため、サイト上で青色決算書と未対応帳票を含む確定申告書類を作成し、電子送信します。

この方法は、会計ソフトを使わずに記帳している方が電子申告するための手段としても有効です。

ウェブブラウザ上で作業するためソフトの追加インストールも不要で、使い勝手が非常に良くておすすめです。

INDEX

E
e-Tax……………… 190, 206, 227

F
freee会計……………………………78
freee会計の確定申告……………193

I
iDeCo……………………………178

M
Macユーザー……………………77

あ
青色事業専従者給与……………53
青色申告………………… 26, 48
青色申告決算書………… 57, 63
アカウント………………………78

い
一括償却………………………140
医療費控除………………………168
インボイス制度………………235

う
売上を登録………………………96
売掛帳……………………………60
売掛取引…………………………96

え
延滞税……………………………25

お
オンラインバンキング…………109

か
買掛帳……………………………60
買掛取引………………………105
開業届……………………………44
開業費…………………………142
会計ソフト………………………72
価格転嫁………………………232
確定申告書………………………67
確定申告書等作成コーナー…254
家事按分………………………150
簡易課税………………………240
簡易簿記…………………………55
勘定科目………………… 87, 110
かんたん取引入力……………100
還付申告…………………………35

き
基礎控除………………………163
寄附金控除……………………180
給与所得控除……………………41
均等償却………………………143

け
経費……………………………124
経費の支払いを登録…………105
減価償却………………………131
現金主義…………………………96
現金出納帳………………………60
源泉所得税………………………30
源泉徴収…………………………30
権利確定主義……………………95

こ
口座の一覧・登録（freee会計）…81
国税の納付方法………………213
個人事業税………………………18
個人住民税………………………18
固定資産台帳………… 61, 134

さ
雑損控除………………………174

し
仕入税額控除…………………233
事業所の設定（freee会計）…80
資産………………… 93, 114
地震保険料控除………………173
資本……………………………114
収益………………… 93, 113
重加算税…………………………25
出金伝票………………………120
主要簿……………………………58
純資産……………………………93
純損失の繰越控除……… 28, 52
純損失の繰戻し還付……………28
少額償却………………………141
小規模企業共済………………175
消費税…………………… 19, 232
所得控除………………………161
所得税…………………16, 51, 158
所得税の青色申告承認申請書…45
書類の保管……………………115
白色申告………………… 26, 49
仕訳……………………… 87, 92
仕訳帳……………………………59
申告納税方式……………………22

せ
請求書…………………………102
税込経理…………………………90
税抜経理…………………………90
税務調査…………………………24
生命保険料控除………………172
セルフメディケーション税制……171

そ
総勘定元帳………………………59

損益計算書………………………64
損益通算…………………………28

た
貸借対照表………………………66
耐用年数………………………132

て
定額法…………………………132
定率法…………………………132
適格請求書……………………235
電子申告………………… 56, 190
電子帳簿保存法………………251
電子データの保存……………117

に
2割特例………………………241
任意償却………………………143

ね
年末調整…………………………40

は
配偶者控除……………………164

ひ
費用………………… 93, 113

ふ
賦課課税方式……………………22
複式簿記…………………………55
負債………………… 93, 114
扶養控除………………………166
ふるさと納税…………………180

へ
平均課税………………………183

ほ
補助簿……………………………58

ま
マイナンバーカード…………188

む
無申告加算税……………………25

め
免税事業者……………………234

や
やよいの青色申告オンライン…82
やよいの青色申告オンラインで
　　　　　　確定申告………214
弥生マイポータル………………83

よ
預金出納帳………………………60

255

7日でマスター
フリーランス・個人事業主の
確定申告がおもしろいくらいわかる本

2024年10月31日　第1刷発行
2025年1月31日　第2刷発行

著　者　　伴洋太郎
装　丁　　植竹裕
発行人　　柳澤淳一
編集人　　久保田賢二
発行所　　株式会社　ソーテック社
　　　　　〒102-0072　東京都千代田区飯田橋4-9-5　スギタビル4F
　　　　　電話（注文専用）03-3262-5320　FAX03-3262-5326
印刷所　　TOPPANクロレ株式会社

©2024 Yotaro Ban
Printed in Japan
ISBN978-4-8007-2122-8

本書の一部または全部について個人で使用する以外著作権上、株式会社ソーテック社および著作権者の承諾を得ずに
無断で複写・複製することは禁じられています。
本書に対する質問は電話では受け付けておりません。
内容の誤り、内容についての質問がございましたら切手・返信用封筒を同封のうえ、弊社までご送付ください。
乱丁・落丁本はお取り替え致します。

本書のご感想・ご意見・ご指摘は
http://www.sotechsha.co.jp/dokusha/
にて受け付けております。Webサイトでは質問は一切受け付けておりません。